Dedicated this book to Dr. Sun Yat-sen, and those revolutionary martyrs who created the Republic of China.

盧雪鄉 編著

The Birth of the First Republic in Asia as Seen from the Diplomatic Documents

從美國外交文件看民國誕生

商務印書館

從美國外交文件看民國誕生

編　　著：盧雪鄉

責任編輯：楊克惠

封面設計：張　毅

出　　版：商務印書館 (香港) 有限公司

　　　　　香港筲箕灣耀興道 3 號東滙廣場 8 樓

　　　　　http://www.commercialpress.com.hk

發　　行：香港聯合書刊物流有限公司

　　　　　香港新界大埔汀麗路 36 號中華商務印刷大廈 3 字樓

印　　刷：陽光印刷製本廠有限公司

　　　　　香港柴灣安業街 3 號新藝工業大廈 (6 字) 樓 G 及 H 座

版　　次：2011 年 8 月第 1 版第 1 次印刷

　　　　　© 2011 商務印書館 (香港) 有限公司

　　　　　ISBN 978 962 07 5591 0

　　　　　Printed in Hong Kong

目　錄

余英時序

　　盧雪鄉女士《從美國外交文件看民國誕生》即將付梓問世。這是一部既重要又非常及時的專書，因為今年恰好是辛亥革命的一百週年。我有幸讀到本書的原稿，很高興能有機會寫幾句話作為介紹。

　　雪鄉女士長期在美國國會圖書館亞洲部（Asian Division）擔任重要職務，榮休前幾年一直是亞洲部的代理主任（Acting Chief, Asian Division），她對國會圖書館的重大貢獻即此可見一斑。但是她不僅在圖書館的正式職位之內盡心盡力而已，對於豐富的檔案也發生了學術研究的深厚興趣。她的注意力主要聚焦於"還原建立中華民國百年歷史與當時的國際關係"（見第一章"導言"）。因此在正式公務的空隙時間，她在館藏各部門進進出出，搜尋一切有關史料。根據她收集原始材料的經驗，她告訴我們：國會圖書館手稿部（Manuscript Division）和綜合收藏（General Collections）對於中國近百年史的重建而言，"可能是一個未曾被發掘的所羅門寶藏。"這是一個寶貴的經驗，為未來的研究者指示了具體的途徑。

　　但雪鄉女士這本書並不是簡單的檔案史料的搜尋和匯集，更重要的她的深入研究功夫將孤立而看來好像沒有意義的史料轉化為重要的證據，使久已隱沒的歷史頓時復活了起來。讓我舉個例子作為說明。在手稿部的"總統文庫"（Presidential Papers）中，雪鄉女士發現了一張孫中山先生在 1912 年 4 月 17 日寫給阿博德博士（Dr. Lyman Abbott, 1835－1922）的明信片，但上面除了人名、地址、照片之外，沒有任何文字。經過一年多的深入而廣泛的研究之後，她終於徹底認識了阿博德在美國政治上的重要地位。他和老羅斯福總統 (President Theodore Roosevelt, 任期 1901－1908) 的密切合作使他在美國對華政策上也發生過影響，並間接及於後任塔夫脫 (William Taft, 任期 1908－1912) 和威爾遜 (Woodrow Wilson, 任期 1913－1930) 兩位總統。這一張不著一字的明信片便成為中美關係史上一個極有意義的文件了。

　　毫無疑問，《從美國外交文件看民國誕生》是對於辛亥革命一百週年最有意義的一種紀念方式，我熱烈慶賀雪鄉女士的成功。

二零一一年三月二十七日余英時序於普林斯頓

作者序

世界史的記載裏，1911 年中國革命家推翻了三千年的君主封建制度，在亞洲建立了一個由亞洲人自己創立的民主共和國家，實屬歷史大事。在美國國會圖書館的二千多種用不同語言記載這史實的書籍裏，除了中文書外，多半以外國人的眼光去敍述當時中國在國際間所處的環境，或是中國國內民情及孫中山先生的革命活動，幾乎沒有一本書是採用本國第一手文件檔案，去仔細探討當年孫中山先生革命的前因後果。

筆者深感榮幸以資深中國近代歷史研究員，及美國國會圖書館亞洲部館藏主任的身份，探討珍貴的"美國總統文庫"中的手稿，及世界馳名的"國會圖書館中文館藏"，以解讀第一手總統文件與另類手稿的方式去詮釋當年孫中山及其他革命家的艱辛革命過程；用多種資料去解釋及分析美國三位總統—老羅斯福（Theodore Roosevelt）、塔夫脱（William Taft）及威爾遜（Woodrow Wilson）的對華政策；及在 1913 年美國帶動世界各國去正式承認中華民國是主權獨立的民主共和國家，這個過程確實是驚天動地，但卻鮮為人知。適逢今年中華民國百年國慶，謹以此書求證歷史，還原歷史，並公諸於世，實屬意義深長之事。

此書之靈魂在分析國父孫中山人格與精神的永恆性，他不但喚起了中國人的民族魂，帶動了國內外千萬炎黃子孫決心推翻喪權辱國的滿清政府，繼而採納中西文化政治理念的精華，創立以孔子"大同世界"為支柱、民主與自由為立國之本的"三民主義"，以此為這民主國家—中華民國的永恆寶二鑒。

筆者從籌劃到完成此書，得到許多學者朋友的支持與贊助，在此特

別要致謝榮獲國會圖書館克魯格獎、對人文科學有終身貢獻的余英時教
授為此書寫序；蔣經國基金會朱雲漢博士的鼓勵與支助；美國國會圖書
館同仁居蜜博士慷慨借出她祖父的《居正手稿》檔案；潘銘燊博士助我作
歷史求證；宋玉武博士及夫人李捷在技術上大力幫助；與及香港商務印
書館陸國燊博士，毛永波先生及符俊傑先生對整個書本設計與出版的協
助。另外，我也要向供應研究資料的朋友們致謝，特別是《星島日報》報
導辛亥革命歷史的朋友，及國會圖書館的同仁：手稿部的 Dr. Daun van
Ee，Jeffrey Flannery，Bruce Kirby，Jennifer Brathovde，及社會人文部
的 Dr. Thomas Mann。

盧雪鄉　敬識

1 導 言

　　2010 年 7 月 3 日美國國慶前夕，《華盛頓郵報》(*Washington Post*) 以頭版頭條刊載一則驚人發現，標題為："臣民"在大筆一揮下消失——美國國會圖書館原件解密：傑佛遜 (Pres. Thomas Jefferson) 獨立宣言的手稿還原美國立國精神。美國國會圖書館採用數字化尖端科技與儀器，透過光學，紅外線與影像折射等物理科學，偵測出傑佛遜總統於 1776 年撰寫的美國獨立宣言手稿裏曾用"臣民"(Subjects) 一詞，後覺不妥，又精心塗抹後改用"公民"(Citizens) 一詞。此措辭修正，突顯美國獨立運動的基礎，亦即美國的立國精神。

　　以同樣的手法去還原中華民國創建史及當時的國際關係，相信除了國史館收藏的大量原始材料之外，美國國會圖書館手稿部 (Manuscript Division) 及綜合館藏的珍藏 (General Collections) 可能也是一個未曾被發掘的"所羅門寶藏"。筆者用收集的原始材料及其他參政資料去引證孫中山先生革命的前因後果，他民主思想的薰陶，繼而擴大為"四海之內皆兄弟"的博愛宗教情懷。讓歷史留下來的原件去述說曾經發生的事實。若沒有原件的片段，則引用權威資料來證實。希望能藉此供給世人一些新的資

■《華盛頓郵報》關於《獨立宣言》的報道

料去探討一百年前那段驚天動地的時刻。

1896 年的一個秋日，英國倫敦報紙披露一則消息，一名流亡在英的清廷通緝犯孫逸仙（中山）在倫敦遭到綁架，並被關進中國駐英大使館。這是世人第一次聽到孫逸仙的名字。時人都不敢相信清廷會如此強蠻，光天化日之下，在別人的國度裏綁架自己的國人，他的命運會如何，清廷會用怎樣的酷刑來對付他？但是突然間，倫敦報紙又刊登消息："英國政府強烈反對這野蠻行為。孫逸仙獲得釋放！"事後人們才知道這是孫逸仙當年在香港大學醫學院讀書時的醫學院院長康德黎（James Cantlie）努力奔走營救的結果。

事後，孫中山先生撰寫《倫敦蒙難記》（*Kidnapped in London*）一書，敘述這段被逮捕和釋放的過程。原來當日（10 月 11 日），孫中山去拜訪老師康德黎途中，遇到一位自稱也是來自廣東的中國男子，說要請中山先生去他家一敘鄉情。忽然，躥出兩個大漢，一把將他拉入一棟樓房，然後關進樓上一個房間，至此中山先生猛然意識到自己遭到清政府誘捕。

中山先生深知被押回國定處死刑，拯救中國的使命也將就此完結，雖然最初想盡各種辦法自救，都未成功，但他並沒有放棄希望。10 月 16 日，使館的英國僕人柯爾（Cole）循例進入房間打掃，孫中山

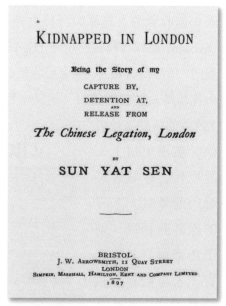

■《倫敦蒙難記》

以基督徒的身份向柯爾講述了自己的革命經歷，柯爾十分同情，最終代他向康德黎求救。事後孫中山以 20 英鎊作為酬勞，感謝好心的柯爾。

此次傳奇性的蒙難事件，不但轟動英倫，而且使孫中山的名字因此為世人所知，他的革命運動和理想也為世界各國所了解。如孫中山自己說：“予之以奔走國事，而使姓名喧騰於英人之口，實始於是地。”逗留倫敦期間，孫中山先生時常去英國博物館閱覽室做研究。在那裏他認識了美國著名經濟學家亨利‧佐治博士（Dr. Henry George），其均分土地的理論對中山先生日後提出著名的“民生主義”影響至深。

十六年之後，康德黎院長寫了一本名為《孫逸仙與蘇醒中的中國》（*Sun Yat-sen and the Awakening of China*）的書，介紹孫中山先生艱辛的革命過程，以及當時中國極為惡劣的大環境[1]。孫中山的革命活動始於 1894 年，他在檀香山創立興中會，宗旨是改革或推翻滿清，盟友共十八人。盟會成立不久，滿清得到風聲，十七位盟友一一被斬頭，只剩下孫中山先生孤獨地完成他們的使命。在那些出生入死的歲月裏，有多少自己的同胞想取下他的頭顱；有多少人使盡方法禁止他鼓吹革命；就連一些有名的報紙都不敢提他的名字。當然，也有很多人幫助他，給他同情與鼓勵，給他經濟上的支援。但是，如何把革命的理念和計劃推廣到廣闊國土及海外華人聚居的每個角落裏；如何贏得其他國家政府的同情與支助；如何籌劃全盤的革命計劃等等都只有他自己一個人每天每時每刻都要努力不懈向目標前進。

雖然國人長久以來對滿清政府很不滿，但在眾多的富貴人家，望門旺族裏沒有出現一個出類拔萃的革命家去拯救同胞於苦難。而這位偉大的革命家卻誕生在一個平凡的家庭，他得天獨厚的博愛精神，崇高品格，

---

1 "*Sun Yat-sen and the Awakening of China*"（《孫逸仙與蘇醒中的中國》）by James Cantlie and C. Sheridan Jones. London: Jarrold & Sons, 1912. p.p. 14－36.

無比的毅力與決心是金錢絕對買不到的；也不是東方文化或西方文化能孕育出來的。

那麼，這些美德和毅力是哪兒來的呢？作者通過綜合研究，得到與好幾位資深學者一樣的共識：康德黎院長認為基督徒最深奧的宗教理念可簡潔的規化成三種美德，那就是：堅定信仰（Faith），永恆希望（Hope），無比慈善心（Charity）。中山先生在少年時代在檀香山便皈依基督教，就因為教會崇揚這三種美德，他就在這三種美德的環境中長大，也在他的思想裏根深蒂固。他的思維裏永遠沒有一個惡念頭，也絕對不會說一句不善良的話，他的一言一行都是關心他周圍的人。他的大公無私的品德是近代社會裏絕少有的，這也是他成功的秘訣。所以，他有很多 "生死與共" 的盟友，這包括不但是中國人，還有歐洲人和美國人。康德黎總結：沒有這些美德，革命家要為人民追求民主自由是不可能的事。作者在用美國國會圖書館龐大書庫做研究時，發現另外有兩位當時著名的學者，也有同樣的看法。其中一位是奇勒先生（Elmer Clark），一位權威地區社會研究學者。他有十多本著作，都包括在《環球基督教區研究叢書》（*The World Parish Series*）裏，以報道基督教會在環球各地傳教各地方的社會及宗教問題。在《中國發生甚麼事情？》[2]（*What's the Matter in China?*）一書中，奇勒先生提出自十五世紀以來，早期的西方人來中國，差不多都是傳教士，傳教士們在中國各地建立學校、醫院，慈善機構。他們以基督教義去崇揚博愛、公平和正義。確實是代表西方人在中國留下許多的貢獻。可是卻因為西方強權在中國各地以通商為由，到處割城佔地，使到中國已無主權可言。中國人在強權的租界裏遭受比狗還不如的待遇。中國人憤怒了！以致引起義和團之亂，傳教士的善行卻變成助

2　"*What's the Matter in China?*"（《中國發生甚麼事情？》）By Elmer T. Clark, Board of Missions, Methodist Episcopal Church, South. Nashville, Tenn. 1927. p.p. 37－45.

紂為虐的惡舉。另一位是阿博德博士（Dr. Lyman Abbott），美國資深學者，先進民主思想家。

但是在基督教熏陶之下的孫中山先生，確實是中國人的救星。他早年在檀香山吸收了民主自由的理念，回國後又親歷清廷無能腐化，飽受強權欺凌的經驗，他革命的信心更堅強。他籌劃了一個很有系統的建國大綱 —— 第一是推翻滿清政府；第二是建立一個民主國家；第三是清除外國強權控制中國；第四是提升婦女和勞工階級的地位；最後是開放國內豐富的資源。中山先生詳盡地佈局這五個大綱的每一個實施步驟。後來這個建國大綱成為國民黨施政的寶典。

1911 年 10 月 10 日，武昌起義成功，其後國內各地紛紛響應。因為武昌起義的預定日期比原來計劃早九個月，中山先生此時正在美國遊說華僑支援這個愛國運動。同時拜訪許多政界領袖，宗教學者，及與革命思想家交換意見。當聽到辛亥革命成功的消息，欣喜之餘想立即趕回中國，從事建立新中國的任務。不幸周圍監視他的人很多，幾經輾轉，從紐約去倫敦、香港終於抵達上海，在那裏層層的人群來歡迎他。那一刻，全世界都在仰慕這位當年在倫敦被綁架的孫逸仙博士，終於驚天動地把滿清推翻，也改變了中國人的命運！辛亥革命在中國幾千年的歷史中是非常特殊的，不同於歷史上任何一次的"改朝換代"，它結束了中國兩千多年的封建體制和君主專制，正式進入了"民主"的新時代。

2 孫中山與美國總統之政治理念

奇勒先生特別提出中山先生人格崇高的地方在於他不惜犧牲小我，成全大我的精神。下面是個極好的例子。

當歡騰的國民革命軍在南京設立臨時政府，大家一致推選孫中山擔任臨時大總統。中山先生一向是一位不為自己着想的人。他希望能有一位比他更強更有能力的人當總統。但不竟眾望所歸，他終於在萬眾高呼中於 1912 年 1 月 1 日接受了臨時大總統的職位。當時的愛國者風起雲湧般投向孫中山旗下，希望為苟延殘喘的祖國做一點事，但也有無數思想腐敗的軍閥，趁這機會你爭我奪，希望乘機圓他們的皇帝夢。

在孫中山 1912 年 1 月 21 日寫給康德黎教授的信裏，他很清楚地表示之所以接受臨時大總統的職位，是想藉此去拯救那生活在水深火熱中的四萬萬國人。但他深知要穩定各地內亂、安定社會一

■ 孫中山就任臨時大總統

■ 孫中山致康德黎函

▪ 孫中山致唐紹儀函

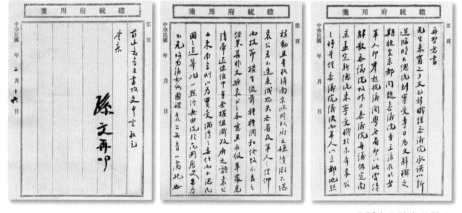

▪ 孫中山致袁世凱函

定要一位穩操兵權的人才能勝任,所以他三次請求袁世凱出任總統。1912 年 2 月 13 日孫中山辭去臨時大總統職位,而清朝皇帝亦於前一天即 2 月 12 日退位。從孫中山 1912 年 3 月 3 日給唐紹儀,袁世凱全權代表及康德黎教授的信函中,處處流露出他為人民服務,也樂於功成身退的意願。

孫中山這種犧牲小我,成全大我,造福全民的精神,與他敬佩的美國總統林肯(Pres. Abraham Lincoln)的民主思想是一致的。當少年孫中山在檀香山的普那胡學校 (Punahou School) 求學時，讀到林肯總統著名的蓋德斯堡演講 (Gettysburg Address)，深受震撼。他特別領悟到演講辭中 "屬於人民的政府" (Government of the people)，"為人民服務的政府" (for the people)，和 "人民選出來的政府" (by the people) 的深奧意義，於是這位在國內曾體驗夠了君主體制下民生疾苦的少年，立刻成為林肯政治理念的追隨者。林肯總統是美國人民心目中最了解民生深義的總統，他以無比魄力，集合北方

■孫中山致康德黎函

各省軍力，打敗堅持奴隸政策的南方，讓千千萬萬的黑人奴隸變成自由人，讓他們和白人一樣享有民主國度下的自由平等，這對孫中山來講實在太值得借鑒了。

透過林肯演講辭的啟示，孫中山努力鑽研美國及其他民主國家的民主制度，日後，他的 "三民主義" 就與林肯的政治理念有許多吻合的地方，歸納如下：

民主政治理念

孫中山	民族主義	民權主義	民生主義
林　肯	Government of the People	Government by the People	Government for the People

在美國郵政歷史裏，紀念特別的偉人或國際時事時，往往會發行特別的郵票。在 1942 年 7 月 7 日，美國郵政總署 (U. S. Postal Service) 在科羅拉多州丹佛市發行了一枚郵票，以當時中國版圖為背景，上印中

美兩國總統——孫中山和林肯的肖像，用以紀念中國抗日戰爭五週年。而發行日期刻意選擇了 7 月 7 日，是"七七盧溝橋事變"抗日戰爭爆發的時間。郵票發行地點選在丹佛市，則是因為 1911 年 10 月 10 日武昌起義當天，孫中山正在丹佛市和革命同志鍾宇翁舉行革命籌款活動。

另外 1961 年，美國郵政總署為了紀念辛亥革命五十週年，又隆重地以孫中山的標準像製作辛亥革命紀念郵票。同日在華盛頓發行的還有十幾款以孫中山為主題的首日封，崇敬追求民主的孫中山之情，可見一斑。

孫中山在推動民主運動的過程中，不斷完善民主政治理念，其思想竟與美國資深學者、基督教領袖阿博德博士（Dr. Lyman Abbott [3]）的"民主精神"（The Spirit of Democracy, 1910）與宗教理論完全吻合。這使我恍然大悟，彷彿一條金鑰匙，打開了一個桃源世界！

去年，作者在使用美國國會圖書館手稿部的"總統文庫"（Presidential Papers）時，一個偶然機會，發現了一張孫中山先生在 1912 年 4 月 17 日寫給阿博德博士的明信片，上面有中山先生的肖像，中華民國郵票，阿博德博士在紐約市 Outlook 雜誌地址，和中山先生當時的住地上海國

■ 1942 年 7 月 7 日發行之郵票

■ 1961 年發行之郵票

---

3 阿博德博士（Dr. Lyman Abbott，1835－1922）生於麻省，是著名的神學家、牧師、報刊編輯兼作者。父親是多產作家、教育家和歷史學家。大學期間 Abbott 研習法律和神學，是個積極的社會改革家。長期支持 President Theodore Roosevelt 先進民主思想的理念，曾任展望雜誌"Outlook"主編。

▪ 阿博德博士

際學院（International Institute, Shanghai）的照片。這張明信片上，沒有任何文字，實在無法猜測其背後的意思。此後差不多一年的時間，我幾乎每天只要有一點時間便到國會圖書館手稿部的閱覽室裏，深入探求關於孫中山先生與阿博德博士的關係。從而發現阿博德是一位著作等身的基督教資深學者，其收藏在美國圖書館的著作有 104 種，代表作有 26 種，涉及的領域很廣，從深入宗教研究，聖經解讀，社會問題，到給無名朋友的信件等等。而他最重要的貢獻是契而不捨地追求社會改革。筆者發現了許多他和西奧多・羅斯福（Theodore Roosevelt）（老羅斯福）總統的書信來往，討論關於政治的議題和社會改革的理念。他與老羅斯福總統數十年的深厚友誼，使他成為總統在國際間及美國本土的耳目。事無大小，連一般老百姓要求拜見總統都由他安排。他們兩個人共同在先進民主思想（Progressivism）上的努力，使阿博德成為老羅斯福在這方面收

▪ 孫中山致阿博德的明信片

集資料的好助手。從他們兩人二十多年在先進民主思想上切磋和在內政外交上的推動，讓筆者能夠追索對中國政策的影響。不但老羅斯福在位年代（1901－1908）如此，亦間接影響到塔夫脫總統（President William Taft, 任期 1908－1912）及威爾遜總統（President Woodrow Wilson, 任期 1913－1920）的對華政策。

　　一位是深懷理想，立志推倒腐敗清廷，拯救中國的醫生。一位是博學多才，以改革社會，拯救人民為己任的宗教家。原來孫中山與阿博德博士不但同為"博愛至上"理想主義者，又都是亨利・佐治博士的摯友、先進民主思想的先鋒。1903 年到 1905 年中山先生在美國華僑社區推動革命及籌款的期間，他的革命理念及三民主義初期的構思相信都是經過阿博德博士傳達給老羅斯福總統。一張沒有文字的明信片，已足夠讓孫中山先生表達他想要說的話，可見他和阿博德博士阿博德博士之間深度的默契。至於中山先生的明信片，如何變成美國國會圖書館手稿部"總

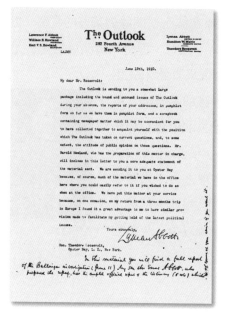
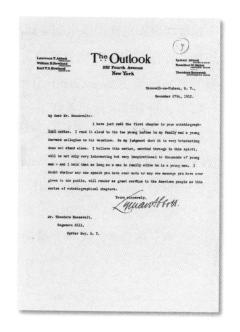

■ 阿博德致老羅斯福總統函

■ "總統文庫" 內與阿博德有關的信函文獻

統文庫" 裏的珍藏呢？那又是一個值得探討的謎。

要了解孫中山與阿博德博士的相識相知，則不得不提中山先生革命早期一位重要戰友宋耀如（Charles Jones Soong）。1894 年興中會成立初期，孫中山便已認識宋耀如，即宋靄齡、慶齡及美齡的父親。宋耀如十四歲從海南島桂山縣來到美國[4]，投靠在波士頓開絲綢茶莊的堂舅，但他無心從商，盼望有機會獲得良好的高等教育，但遭到舅父反對，於是毅然參加海警（Coast Guard）工作。上帝果真給宋先生一個美好的安排。他的長官中有一位虔誠的基督徒，經常給他講解聖經及耶穌的故事，並帶他去北卡羅拉那州（North Carolina）威明頓市（Wilmington）的第五街教堂（Fifth Street Church）。聽了幾次聖經道理之後，宋耀如便決心要當信徒，並希望有一天回到自己祖國去傳教。他的真誠，令教會的人十分感動，他學成以後，果然立

■ 宋耀如

---

4 "*The Chiangs of China*"（《中國的蔣氏世家》）by Elmer T. Clark. New York / Nashville: Abingdon-Cokesbury Press. [1942]: p.p. 13－39.

刻回中國傳教。

　　當時正值美國南方教會積極推動到中國去傳教的計劃，正努力去發掘會說華語的基督徒去從事此工作。所以宋先生的回國意願立刻得到教會中高層人士的歡迎。1881 年 4 月送宋先生到 Trinity College ，即現在有名的公爵大學 (Duke University) 學習。擔任校長又是校園教堂牧師的貴文牧師 (Dr. Braxton Craven) 在歡迎宋先生成為教會成員時，給他的祝詞是："願主帶領你到世界各地，去傳播福音給每一個人。"在公爵大學，宋先生接受特殊的 "預備傳教工作學生"(Special and Preparatory Students) 的訓練。因為他是第一位中國學生，所以備受全美國基督教會人士的注意。也就是在這期間，阿博德博士注意到這位年青的傳教士，並後來經由他而認識了孫中山先生。

　　1885 年的 12 月，宋耀如在接受了完整的傳教訓練之後，回到上海

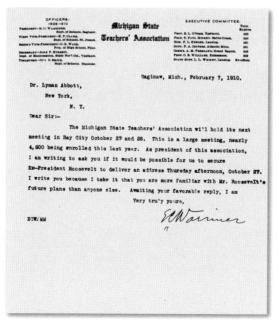

■ "總統文庫" 內有關阿博德政治理念的文獻

開始傳教工作。1886 年 11 月，"中國傳教會議"第一個年會開幕，宋先生便是創始人之一。此後，他在蘇州地區展開傳教工作，和當地人士的認識和交往更加熟絡。幾年之後，他創辦了一個印刷廠，專門印刷聖經，使傳教士們可傳送到全國各地。同時，有錢的朋友欣賞他誠實的個性和美國生活的經驗，請他主持規模龐大的麵粉廠。這麵粉廠及別的企業使他致富，也使他有足夠的經濟能力去幫助孫中山去實現他推翻滿清，建立民國的理想。他成為孫中山先生最得力的贊助人和出生入死的革命同志。最初所有革命會議都在宋家舉行，後來參加的人越來越多，便轉到張家花園飯店。宋耀如的印刷廠也大量印刷革命傳單發送到中國各地，詳細說明革命的原因及將來民主自由的展望，得到熱烈反響。

　　受到孫中山潛移默化的影響，宋耀如亦把推翻滿清，改革中國社會，建立民主國家作為是拯救中國人的唯一道路，也是他作為有先進民主思想的基督教長老應該履行的責任。因為中山先生要隨時奔走各國籌款以供各地革命活動之用，因此，駐守上海，從事革命宣傳，組織革命活動，及經費援助等各項活動便落在宋耀如的頭上。這個工作，不但使他隨時有生命危險，他的家人也同樣被牽連。在清廷嚴密追緝他的期間，他曾帶着家人逃到日本，在那兒改名換姓，居住了兩年。

3 革命足跡遍天下

　　孫中山一生貢獻國人，結束三千年的君主專制，並且為中國建立了亞洲第一個共和國。在短短的不到二十年的時光，造就如此豐功偉績。到底他的進步思想、國際觀和民族主義根源何處呢？許多歷史家、政治學者都認為這與其少年在夏威夷受西式教育，觀察到夏威夷王國被推翻的政治變革有很大的關係。

　　1878 年，在家鄉廣東中山縣只受過傳統私塾教育，年僅 12 歲，留個小辮子的孫中山得到比他年長 12 歲的兄長孫眉的資助，來夏威夷唸書。他先後用小名"帝象"登記在伊奧拉尼學校（Lolani School）及普那胡學校（Punahou School）的學生名冊裏。這兩所學校都是當地頂級的基督教英式學府，當年孫中山上課的教室仍然存在。

　　孫中山聰慧過人，從不認識一個英文字母入學，到他 1882 年畢業於伊奧拉尼學校，竟獲夏威夷國王卡拉卡瓦的英語成績優異獎。再加上日後在國際上盛名，學校為了紀念孫中山，先後安裝了兩座他的雕像。一座是少年孫中山的立像，一座是中年孫中山的坐像，供後人憑弔。

　　接着孫中山求學於普那胡學校，雖求學期間短暫，但亦留有他的足

■ 孫眉夏威夷故居

■ 孫中山夏威夷學校教室舊址

跡。值得一提的是現在美國總統奧巴馬（Barack Obama）亦就讀於此。中美兩國元首竟是相隔百餘年的校友，可稱國際美談。

　　當年少的孫中山踏上輪船，漂洋過海來夏威夷，思維領域提升到一個新的境界。他日後有感而發：“始見輪船之奇，滄海之闊，自是有慕西學之心，窮天地之想。”抵夏威夷後，又接觸到西方國家民主制度與科學進步，反觀自己國家的封建落後，於是便立志要推翻帝制，建立民主自由的新中國。這念頭與日俱增，1893 年畢業於香港大學醫學院後，孫中山藉行醫的機會，努力組織革命力量。他眼看着中國在外交上備受國際間強國處處欺凌，實在到了忍無可忍地步，於是在 1894 年 6 月向軍機處大臣李鴻章送上了《上李鴻章萬言書》，內容提出詳盡國家改革方略，但李不予回應。灰心之餘，同年 11 月，孫中山回到夏威夷成立中國近代第一個革命團體 —— 興中會。自始浪濤洶湧，天翻地覆，不但引領中國走向百年民主自強之路，也為世界史寫上重要的一頁。

　　為了把革命理念推廣到每一個有華僑的地方，孫中山有計劃地不辭長途跋涉，先後足跡遍佈亞、歐、美、澳各大洲，美國方面，他四度從西岸進入美國大陸。第一次從檀香山抵達三藩市是在 1896 年，他在

第一次
1896 年檀香山尚未加入聯邦，孫中山第一次到達美國大陸。後離開紐約於 9 月 23 日乘船到英國利物浦。

第三次
1909 年 11 月 8 日國父第三次從倫敦乘船到紐約。

孫中山四次訪美國之歐美行蹤

第二次
1903 年 5 月，孫中山第二次環遊美國大陸前首先在檀香山加入洪門致公堂。

第四次
1911 年 1 月 19 日孫中山自歐洲抵紐約，對美國進行第四次訪程，期間多次來回紐約與其他各埠。武昌起義成功後，孫中山獲悉佳音於當年 10 月 20 日回到紐約，取道倫敦，於 12 月 25 日返回中國。

▪ 孫中山四次訪美示意圖

該地逗留數月，努力設立興中會。於同年 9 月轉到紐約，勢力龐大的華僑洪門致公堂會員對推翻滿清的革命理論很感興趣，請他演說數次。他又成功地在紐約勿街 7－9 號成立了興中會。中山先生在美東一帶巡遊演講，然後於 12 月 14 日離紐約赴歐洲繼續他鼓吹革命在各地設立興中會的使命。

事隔百年，各地興中會（後改為同盟會）地址已難求證，但紐約興中會地址依然是華埠勿街 7－9 號裏的著名中餐館"旅順樓"樓上，是當年中山先生與志同道合的華僑先賢討論革命大計的地方。至今紐約中華公所二樓大禮堂仍然掛着一張珍貴的國父與同志們的照片，和"肝膽相照"的墨寶，作為當年救國義舉的明證。

從 1896 年第一次環遊美國，在各地建立興中會經驗所得，孫中山發

▪ 孫中山與興中會同人合影

現美洲華僑人多勢強，多是洪門致公堂會員。為了增強革命勢力，他決定加入"洪門"。孫中山先生於 1904 年在檀香山致公總堂加入"洪門"後，積極在各地華僑團體宣傳革命，不久，各埠華僑紛紛響應，革命思潮日進不已。

　　國父名言"華僑為革命之母"，一點不假，因為海外華僑的命運緊緊相連於弱勢國運，民族的苦難是他們揮之不去的心頭之痛。為了追隨中山先生民主自由的理想，他們不惜節衣縮食，抵房賣屋，赴湯蹈火，捨生取義，最後果然親眼看到中華民國的誕生。在許許多多的例子之中，最明顯的例子要算中山先生的兄長孫眉，一位擁有雄厚財力的夏威夷大地主，支持弟弟的革命，傾囊相助，直到後來竟然破產。

　　當時美洲華僑在"洪門"的領導之下，紛紛購買救國債券。各埠洪門抵押堂產，出售樓業，為孫中山提供後援。其中不乏感人之故事。此外，海外教會在中山先生的革命活動中大力援助，他常在舊金山長老會正道會演講及籌款。

　　1911 年 10 月 10 日是一位值得世人永遠紀念的日子 —— 這是中國近代史的轉折點。追索一百多年前三藩市的《中西日報》1911 年 10 月 12 日的報導"武昌城已在民黨掌握……"已證明一百多年前千萬華僑鼎力支持的革命運動已轉變了中國。大家拭目以待的是如何實踐孫中山先生的"三民主義"，借用《星島日報》訪問前中華公所中文秘書黃玉振，也是紐約僑界對辛亥革命歷史最有研究的老華僑的話說，辛亥革命與傳統僑社確實血肉相連，紐約中華公所至今仍每年堅持紀念慶祝中華民國 10 月 10 日國慶。

■ 中華民國發行的債券

■ 舊金山長老會

　　黃玉振認為，孫中山的遺言"革命尚未成功，同志仍需努力"，在現今中國大陸仍然通用。雖然經過改革開放，經濟急速增長成為全球第二大經濟體，但政治上仍十分專制，與孫中山所倡導的目標，還有一段明顯的距離。不過，他相信中國一定會變，台灣是一個成功的例子，在兩岸交流不斷增加下，對大陸會帶來潛移默化的影響以推動中國加快政治改革的步伐。

■ 辛亥革命形勢圖

4 老羅斯福總統（President Theodore Roosevelt）先進民主思想（Progressivism）分析

1903 至 1905 年，當中山先生在美國鼓吹革命及籌款的同時，美國各地的華僑正組織起來，強烈反對美國政府訂立的 "禁止中國移民入境法"（Chinese Exclusion Act Gresham-Yang Treaty）。三藩市華僑領袖們紛紛在教堂及學校辦演講論壇，告訴美國公眾他們抗議的是美國政府的移民政策而不是憎恨美國人。而兩份中文報紙：《中西日報》（Chung Sai Yat Po）及《大同日報》（Ta-Tong Jih-Pao）則常常登載來自廣州、上海、福建，中國北方城市甚至東南亞馬尼拉抗議的消息。

■ 老羅斯福總統

在夏威夷的中國人亦不示弱，本地報紙《新中國日報》（Hsin Chung-kuo Jih-Pao）的編輯陳繼儼是第一個發起抵制美國貨的中國人。當上海發起抗議的消息傳到夏威夷，華人商會便發起簽署抗議書，呈交清廷外交部。抗議活動風起雲湧，不久華僑在加拿大、日本、新加坡、越南、泰國、緬甸、澳洲、香港、澳門都紛紛要求清廷還給中國人 "民族尊嚴"（National dignity），力挺抗議活動，事態不可收拾。眼看中美外交關係面臨最大的考驗 [5]。就在這一時刻，老羅斯福總統以

5　"China and the Overseas Chinese in the United States, 1868－1911"（《中國及海外華僑在美國，1868－1911》）by Shih-Shan Henry Tsai. Fayetteville: University of Arkansas Press, 1983.

於 1905 年 6 日 24 日在阿蘭特市的發表演講告諸世人："我們不能期待中國公平對待我們，除非我們公平對待中國。中國抵制我們的貨物無可置疑是因為我們對中國來的人存不良的態度……我可以以總統執政的權力，很迅速地消除這多年來對中國移民入境的不公待遇。我可以採取很多行動，就算國會不採取行動也不會改變我的計劃。"果然，在刪改 "禁止中國移民入境法" 這方面，老羅斯福真的做了很多事。在同年 6 月 24 日他就已經發出一份總統行政令（Executive Order）給國務院、商務部及勞工部，頒告所有地區領事 "展現你們最有深度及最厚道的寬容去款待所有來美的商人、教師、學生及旅客。不管他們是單身客或是帶着他們的妻兒。同樣的，中國官員，不管是哪個等級，亦得到同樣禮遇。"總統還下令如果美移民官對持有正式旅行證件的中國人有無禮行為。將予以革職處分，同時，總統還宣佈 "如果中國旅客的證件有疑問是因為美國官員的失誤，中國旅客可留下，而美官員則受處分。"

老羅斯福總統這番正義言行，是誰在背後建議，相信都可想像得到。在此可以引證兩段話。一段是阿博德博士的著作《民主理念的精神》[6] 摘出；一段是從孫中山先生的著作《一個中國革命者的回憶錄》[7] 抽出。

阿博德博士說："如果要在一個自我管制，自我教育的社會裏求得和平，和諧和合作，最重要的兩股力量就是：（一）了解自己的處境；（二）同時了解那些與我們意見不同的人的處境。進而了解偉大自然規律中的社會秩序 —— 他們是甚麼？他們是如何遁道運行的？那些歷久不變的 "黃金定律" 在現代社會環境裏是如何被解讀的？我們應該如何以 "良心" 去處理事物？我們應該用何道德準繩去面對目前的問題？"

6　"*The Spirit of penocracy*"（《民主理念的精神》）by Lyman Abbott. Boston and New York: Houghton Mifflin Company, 1910. p. 87.

7　"*Memoirs of a chinese Revolution ary*"（《一個中國革命者的回憶錄》）by Sun, Yat-sen. [London], Great Britain, 1918; Taipei, Taiwan: Sino-American Publishing Co., Ltd., 1953. p.p.72－73.

　　孫中山先生說：“人類演進的基本理論是與其他生物大有不同的。自然定律規定人類要努力掙扎才能生存。因此人類被引導去如何互相幫助彼此。道德、良心、愛心、友誼和公正都是表現互相幫助的各種表現。人類的演進與發展一定要遵循這些自然法則，否則人類便會消滅。事實上，人類很多時候沒有遵守這些自然法則，侵犯別人權利的情形層出不窮。畢竟從動物進化為人類的時間太短了，那些侵犯性的動物行為還沒有完全消滅。”

　　可惜的是老羅斯福總統刪除“禁止中國移民入境法”只維持到他的總統任期（1908）。他的接班人塔夫脫總統是個極端保守的共和黨，上任不久，便全部恢復這不公平的法律，一直到 1943 年 12 月 17 日小羅斯福總統上任，才把對中國移民不公平的所有法律全部刪除。

　　十九世紀末，因清廷的無能與腐敗，中國的政治和經濟已走到窮途

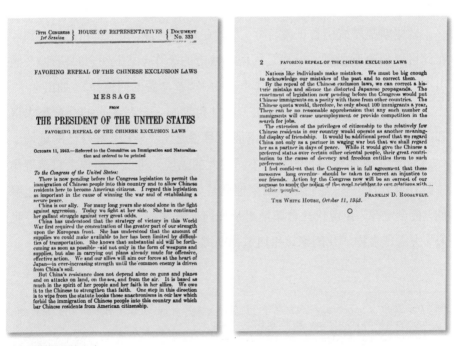

■ 小羅斯福總統宣言

末路的地步。強權大國如英、德、日、俄、法根本沒把中國當成一個主權獨立的國家，他們彼此你爭我奪中國境內最好的港口或城市作為租界地（佔有區），而且每一國都虎視眈眈盤算着如何去吞噬這老弱無能的 "東亞病夫"。

當時正值美國結束和西班牙的戰爭（1899 年），老羅斯福以戰績輝煌的國防次長身份從戰場歸來，一夜成為萬人歌頌的英雄。

同年，當時的麥肯利總統（President McKinley）得到老羅斯福的提議，將注意力從西班牙轉移到中國。眼看列強已在採取瓜分中國的行動，一方面處於國際正義的立場，一方面是維護美國在中國的通商利益，便向列強提出 "門戶開放" 的主張，讓所有通商的國家都可進入中國市場。美國這一個 "門戶開放" 的提議，使當時殘弱的中國倖免於國土瓜分，喪權滅國的命運！相信是受到孫中山先生及阿博德博士的影響，老羅斯福的言行代表了那個時代的使命感及正義的精神。他曾說："我們對人類主要的貢獻是我們把力量和崇高的目的結合在一起。"這 "門戶開放" 政策一直維持到 1911 年滿清被推翻為止。

當時成功地完成 "門戶開放" 的過程是這樣的。國務卿約翰·海（John Hay）向駐在中國的主要強國發出一個建議書，裏面提出給所有來華交易的各國商人權利去中國各地通商，權利均等，但一定要保持中國領土的完整，不可擅自佔據或割取任何一塊土地。這建議書的作用一方面是制衡那些有租界的強國，另外美國擔心一旦列強瓜分中國，因美國沒有租界，將來任何通商活動，美國都會被拒之門外，而老羅斯福所謂的 "崇高的目的" 也覺得應該主持正義，使中國得到一點尊嚴。

約翰·海向各國提出這建議書後，沒有一個國家同意，看到別人不採取行動，各國使節也藉此不採取行動。約翰·海用迅雷不及掩耳的手法，很機智地立刻宣佈建議書已得到各國的同意。當時只有俄國及日本提出抗議，其他國家也就默默接受了。

　　老羅斯福對於世界舞台的動向有深刻的認識，可說是一位宏觀的政治家，他早已看出日本不但在亞洲有莫大的野心，侵佔了朝鮮半島，又在中國東北建立了龐大的勢力，軟弱無能的清廷只能眼睜睜看着自己國土已成為日本的殖民地。老羅斯福從美國本土的考慮來看，日本強大的海軍，使德國和俄國都成了他們的手下敗將，再加上日本計劃不斷移民到夏威夷及美國本土加州，這些行動處處使得他很不安。於是他在塔夫脫總統上任不久，便立刻寫了一封七頁紙的長信，去分析日本的野心及如何防禦的方案其中詳細的佈局，細心的籌劃，使筆者不禁想到如果當時中美便開始着手做抵抗日本軍國主義的侵略，相信二次大戰的發生是可能避免的。

附 "總統文庫" 內有關老羅斯福總統政治理念的文獻

ATLANTA SPEECH.

Here in this great industrial center, in this city which is a typical
southern city, and therefore a typical American city, it is natural to con-
sider certain phases of the many-sided industrial problem which this genera-
tion has to solve.   In this world of ours it is practically impossible to
get success of any kind on a large scale without paying something for it. The
exceptions to the rule are too few to warrant our paying heed to them, *and as a*
rule it may be said that something must be paid *as an* offset for *everything*
we get and for everything we accomplish.   This is notably true of our
industrial life. The problems which we of America have to face to-day are
very serious, but we will do well to remember that after all they are only
part of the price which we have to pay for the triumphs we have won, for the
high position to which we have obtained. If we were a backward and stationary
country we would not have to face these problems at all; but I think that most of
us are agreed that to be backward and stationary would be altogether too heavy
a price to pay for the avoidance of the problems in question. There are no
labor troubles where there is no work to be done by labor. There are no
troubles about corporations where the poverty of the community is such that
it is not worth while to form corporations. There is no difficulty in regulating
railroads where the resources of a region are so few that it does not pay to
build railroads.   There are many excellent people who shake their heads over

■ "總統文庫" 內老羅斯福總統演講辭（1）

the difficulties that we now have as a nation to face, but their melancholy

is not warranted save in a very partial degree, for most of the things of

which they complain are the inevitable accompaniments of the growth of

greatness of which we are proud.

Now, I do not wish to be misunderstood. I do not for one moment mean

to say that there are not many and serious evils with which we have to

grapple, or that there are not some unhealthy signs in the body social and

politic, but I do mean to say that while we must not show a foolish optimism

we must no less beware of a mere blind pessimism. There is every reason

why we should be vigilant in searching out what is wrong and unflinchingly

resolute in striving to remedy it. But at the same time we must not blind

ourselves to what has been accomplished for good, and above all we must not

lose our heads and become either hysterical or rancorous in grappling with

what is bad.

Take such a question, for instance, as the question, or rather the

group of questions, connected with the great growth of corporations in this

country. This growth has meant, of course, the growth of individual fortunes.

Now the growth of wealth in this country has certainly had some very un-

fortunate accompaniments, but it seems to me that very much the worst harm

that people of wealth can do the rest of us is not any actual physical harm,

but the awakening in our breasts of either the mean vice of worshiping mere

■ "總統文庫"內老羅斯福總統演講辭（2）

wealth and the man of mere wealth for the wealth's sake, or the equally mean

vice of viewing with rancorous envy and hatred the men of wealth merely

because they are men of wealth. Envy is, of course, merely a kind of

_____ admiration, and we often see that the very man who in

public is most intemperate in his denunciation of wealth is in ~~public~~ *his private*

life the man who is most eager to obtain wealth, in no matter what fashion,

and at no matter what moral cost.

Most certainly there is need of regulation by the Government in the in-

terest of the public of these great corporations which in modern life have

shown themselves to be the most efficient business implements, and which are,

therefore, the implements commonly employed by the owners of large fortunes.

The corporation is the creature of *the* ~~the~~ state, which should always be held

accountable to some sovereign, and this accompaniment should be real and not

sham. Therefore, in my judgment, all corporations doing an interstate

business, and this means the great majority of the largest corporations, should

be held accountable to the Federal Government, because their accountability

should be co-extensive with their field of action. But I would not strive to

prevent corporative activity. I would strive to secure such effective super-

vision over it, such power of regulation over it, as to enable us to guarantee

that its activity will be exercised only in ways beneficial to the public. The

unwisdom of any excessive check in corporative activity has been shown in

striking fashion in recent years by our experience in the Philippines and in

■ "總統文庫" 內老羅斯福總統演講辭（3）

Porto Rico. Our national legislators were very properly determined that the islands should not be exploited by adventurers without regard to the interests of the people of the islands themselves. But unfortunately in their zeal to prevent the islands from being improperly exploited they took measures of such severity as to seriously , and in some respects vitally harming to and retard the development of the islands. There is nothing that the islands need more than to have their great natural resources developed, and these resources can be developed only by the abundant use of capital, which, of course, will not be put into them unless on terms sufficiently advantageous to offer prospects of good remuneration. We have made terms not merely hard, but often prohibitory, with the result that American capital will go into foreign countries, like Mexico, and will be there used with immense advantage to the country in its development, which it cannot go into our own possessions or be used to develop the lands under our own flag. The chief sufferers by this state of things are the people of the islands themselves.

It is impossible too strongly to insist upon what ought to be the patent fact that it is not only in the interest of the people of wealth themselves, but in our interest, in the interest of the public as a whole, that they should be treated fairly and justly; that if they show exceptional business ability they should be given exceptional reward for that ability. The tissues of our industrial fabric are interwoven in such complex fashion that speaking generally what strengthens or weakens part also strengthens or weakens the whole. If we penalize industry we will ourselves in the end have to pay a considerable part

■ "總統文庫"內老羅斯福總統演講辭 (4)

of the penalty. If we make conditions so that the men of exceptional ability

are able to secure marked benefits by the exercise of that ability, then we shall

ourselves benefit somewhat. It is our interest no less than our duty to treat

them fairly. On the other hand it is no less their interest to treat us

fairly - by us I mean the great body of the people, the men of moderate or

small fortunes, the farmers, the wage-workers, the smaller business men and

professional men. The man of great means who achieves fortune by crooked

methods does wrong to the whole body politic. But he not merely does wrong,

but becomes a source of imminent danger to other men of great means, for his

ill-won success tends to arouse a feeling of resentment, which if it becomes

inflamed fails to differentiate between the men of wealth who have done

decently and the men of wealth who have not done decently. The conscience of

our people has been deeply shocked by the revelations made of recent years

as to the way in which some of the great fortunes have been obtained and

there is, I think, in the minds of the people at large a strong feeling that

a serious effort must be made to put a stop to the cynical dishonesty and

contempt for right which have thus been revealed. I believe that something,

and I hope that a good deal can be done by law to remedy the state of things

complained of. But when all that can be, has thus been done, there will yet

touch
remain much which the law cannot, and which must be reached by the force of

public opinion. There are men who do not divide actions merely into those

that are honest and those that are not, but create a third subdivision-that of

■ "總統文庫"內老羅斯福總統演講辭（5）

law honesty; of that kind of honesty which consists in keeping clear of the penitentiary. It is hard to reach astute men of this type, save by making them feel the weight of an honest public indignation. It is, of course, to their great advantage if they are denounced, not for being dishonest, but for being wealthy, and if they are denounced in terms so overstrained and hysterical as to invite a reaction in their favor.　We cannot afford in this country to draw the distinctions as between rich man and poor man. The distinction upon which we must insist is the vital, deep-lying, unchangeable distinction between the honest man and the dishonest man, between the man who acts decently and fairly by his neighbor and with a quick sense of his obligations, and the man who acknowledges no internal law, save that of his own will and appetite. Above all we should treat with a peculiarly contemptuous abhorrence the man who in a spirit of sheer cynicism debauches either our _____ or our political life.　There are men who have used the phrase "practical politics" as merely a euphemism for dirty politics, and it is such men who have brought the word "politician" into discredit.　There are other men who use the noxious phrase "business is business", as being an excuse and justification for every kind of mean and crooked work.　It is the duty of every honest patriot to rebuke in emphatic fashion alike the politician who does not understand that the only kind of "practical politics" which a nation can with safety tolerate is that kind which we know is clean politics, and that we are as severe in our condemnation of the business trickery which succeeds as of the business trickery which fails.

■ "總統文庫" 內老羅斯福總統演講辭（6）

The scoundrel who fails can never by any possibility be as dangerous to the community as the scoundrel who succeeds; and of all the men in the country, the worst citizens, those who should excite in our minds the most contemptuous abhorrence, are the men who have achieved great wealth, or any other form of success, in any save a clean and straightforward manner.

So much for the general subject of industrialism. Now, just a word upon *one* of the great staples of this country, which is peculiarly a staple of the southern States. Of course I mean cotton. I am glad to see diversifications *of* industry in the South, the growth of manufactures as well as the growth of agriculture, and the growing growth of diversification of crops in agriculture. Nevertheless it will always be true that in certain of the southern States cotton will be the basis of the wealth, the mainstay of prosperity in the future as in the past. The cotton crop is of enormous consequence to the entire country. It was the cotton crop of the South that brought four hundred million dollars of foreign gold into the United States last year, turning the balance of trade in our favor. The soil and climate of the South are such that she enjoys a practical monopoly in the production of raw cotton. No other clothing material can be accepted as a substitute for cotton. I welcome the action of the planters in forming a cotton association, and every assistance shall be given them that can be given them by the National Government. Moreover, we must not forget that the work of the manufacturers in the South

■ "總統文庫" 內老羅斯福總統演講辭（7）

supplements the work of the planter. It is an advantage to manufacture the
raw material here and sell to the world the finished goods. Under proper
methods of distribution it may well be doubted whether there can be such a
thing as over-production of cotton. Last year's crop was nearly fourteen
million bales, and yet the price was sufficiently high to give a handsome
profit to the planter. The consumption of cotton increases each year, and new
uses are found for it.

This leads me to a matter of our foreign relations, which directly
concerns the cotton planter. At present our market for cotton is largely in
China. The boycott of our goods in China during the past year was especially
injurious to the cotton manufacturers. This Government is doing, and will
continue to do, all it can to put a stop to the boycott. But there is one
measure to be taken toward this end in which I shall need the assistance of
Congress. We cannot go into an international court of equity unless we go in
with clean hands. We cannot expect China to do us justice unless we do
China justice. The chief cause in bringing about the boycott of our goods in
China was undoubtedly our attitude toward the Chinese who come to this country.
This attitude of ours does not justify the action of the Chinese in the boy-
cott, and especially some of the forms which that action has taken. But the
fact remains that in the past we have come short of our duty toward the people
of China. It is our clear duty, in the interest of our own wage-workers, to

■ "總統文庫" 內老羅斯福總統演講辭 (8)

forbid all Chinese of the coolie class, that is laborers, skilled or un-

skilled, from coming here. The greatest of all duties is national self-

preservation; and the most important step in national self-preservation, is

to preserve in every way the well-being of the wage-worker. I am convinced

that the well-being of our wage-workers demands the exclusion of the Chinese

coolie, and it is therefore our duty to exclude, just as it would be the duty of

China to exclude American laboring men if they became in any way a menace to

China by entering into her country. The right is reciprocal, and in our last

treaty with China it was explicitly recognized as inhering in both nations.

But we should not only operate the law with as little harshness as possible,

but we should show every courtesy and consideration and every encouragement to

all chinese who are not of the laboring class to come to this country. Every

Chinese traveler or student, business man or professional man, should be given

the same right of entry to this country as is accorded to the student or

traveler, the business man or professional man of any other nation. Other

laws and treaties should be so framed as to guarantee to all Chinamen, save

of the excepted coolie class, the same right of entry to this country and the

same treatment while here as is guaranteed to citizens of any other nation.

By executive action I am as rapidly as possible putting a stop to the abuses

which have grown up during many years in the administration of this law. I

can do a good deal and will do a good deal even without the action of Congress;

but I cannot do all that should be done without the action of Congress, and

■ "總統文庫" 內老羅斯福總統演講辭（9）

that action I most earnestly hope will be taken. It is needed in our own

interest and especially in the interest of the Pacific slope and of the

South Atlantic and Gulf States; for it is short-sighted indeed for us to

permit foreign *competitors* to drive us from the great markests of China.

Moreover, the action I ask is demanded by considerations that are higher than

mere interest, for I ask it in the name of what is just and right. America

should take the lead in establishing international relations on the same

basis of honest and upright dealing which we regard as essential as between

man and man.

■ "總統文庫" 內老羅斯福總統演講辭（10）

June 24, 1905.

To the Acting Secretary of State:

The State Department will immediately issue a circular to all our diplomatic and consular representatives in China setting forth the following facts and stating that it is issued by direct order of the President.

Under the laws of the United States and in accordance with the spirit of the treaties negotiated between the United States and China all Chinese of the coolie or laboring class - that is, all Chinese laborers, skilled or unskilled - are absolutely prohibited from coming to the United States; but the purpose of the Government of the United States is to show the widest and heartiest courtesy toward all merchants, teachers, students and travelers who may come to the United States, as well as towards all Chinese officials or representatives in any capacity of the Chinese Government. All individuals of these classes are allowed to come and go of their own free will and accord and are to be given all the rights, privileges, immunities and exemptions accorded the citizens and subjects of the most favored nation. The President has issued special instructions through the Secretary of Commerce and Labor that while laborers must be strictly excluded, the law must be enforced without harshness, and that all unnecessary inconvenience or annoyance toward those persons entitled to enter the United States must be scrupulously avoided. The officials of the immigration department have been told that no harshness in the ad-

■ "總統文庫" 內有關總統行政令的文獻（1）

-2-

ministration of the law will for a moment be tolerated, and that any discourtesy shown to Chinese persons by any official of the Government will be cause for immediate dismissal from the service.

The status of those Chinese entitled freely to enter the United States is primarily determined by the certificate provided for under section six of the act of July 5, 1884. Under this law the diplomatic and consular representatives of the United States have by direction of the President been instructed before viséing any certificate strictly to comply with the requirements of that portion of section six which provides as follows:

"and such diplomatic representative or consular representative whose indorsement is so required is hereby empowered, and it shall be his duty, before indorsing such certificate as aforesaid, to examine into the truth of the statements set forth in said certificate, and if he shall find upon examination that said or any of the statements therein contained are untrue it shall be his duty to refuse to indorse the same."

The certificate thus viséed becomes prima facie evidence of the facts set forth therein. The immigration officials have now been specifically instructed to accept this certificate, which is not to be upset unless good reason can be shown for so doing. Unfortunately, in the past it has been found that officials of the Chinese Government have recklessly issued thousands of such certificates which were not true; and recklessness has also been shown in the past by representatives of the American consular service in viséing these certificates. The purpose of this Government is to make these viséed certificates of such real value that it is safe to accept them here in the United States. This will result in doing away with most of the causes of complaint that have arisen. The

-3-

Chinese student, merchant, or traveler will thereby secure before leaving China a certificate which will guarantee him against any improper treatment. But in order that this plan may be carried out it is absolutely necessary that the diplomatic and consular officers instead of treating their work in vissing these certificates as perfunctory, shall understand that this is one of their most important functions. They must not issue any such certificate unless they are satisfied that the person to whom it is issued is entitled to receive it, and they will be held to a most rigid accountability for the manner in which they perform this duty. If there is reason to believe that any certificate has been improperly issued, or is being improperly used, a thorough investigation will be made into its issuance. The only way in which it is possible, while fully carrying out the provision of the law against the immigration of Chinese laborers, skilled or unskilled, to secure the fullest courtesy and consideration for all Chinese persons of the exempt classes, such as officials, travelers, merchants, students, and the like, is through the careful and conscientious action of our diplomatic and consular representatives under the proposed policy of the Department of Commerce and Labor. The change will simplify the whole administration of the law; but it cannot be made permanent unless the diplomatic and consular representatives do their full duty and see to it that no certificate is issued with their vise unless the person receiving it clearly comes within one of the exempt classes and is fully entitled to the privileges the certificate secures for him.

■ "總統文庫" 內有關總統行政令的文獻 (3)

197

-4-

Accordingly all our diplomatic and consular representatives in
China are warned to perform this most important duty with the utmost care.

■ "總統文庫" 內有關總統行政令的文獻（4）

December 22nd 1910.

Dear Mr President:

In the first place, I wish a merry Christmas and a happy New Year to you and yours.

Now as to your letter of December 20th. I have been much puzzled about Knox's proposal, and one reason why I have hesitated to write you has been that I do not quite know what to say to the vital feature of that proposal. I had a delightful talk with him, of course, and I was very glad to hear from him about the Manchurian business, and to learn that there had been a general misinterpretation of the position of the Government, - a misinterpretation of the kind that seems to be inevitable as regards any action by the Government at any time, and which I suppose will continue until the press grows to possess a greater sense of responsibility than at present. The misinterpretation was shared, however, by the Japanese themselves, for, as I told Knox, Takahira sought me out in London last Spring to tell me how strongly the Japanese felt on the matter. As I told Knox, my own view was simple. Our vital interest is to keep the Japanese out of our country, and at the same time to preserve the goodwill of Japan. The vital interest of the Japanese, on the other hand, is in Manchuria and Korea. It is therefore peculiarly our interest not to take any steps as regards Manchuria which

■ 老羅斯福致塔夫脱總統信（1）

2

will give the Japanese cause to feel, with or without reason, that we are
hostile to them, or a menace - in however slight a degree - to their
interests. Alliance with China, in view of China's absolute military
helplessness, means of course not an additional strength to us, but an
additional obligation which we assume; and as I utterly disbelieve in the
policy of bluff, in national and international no less than in private
affairs, or in any violation of the old frontier maxim, "Never draw unless
you mean to shoot", I do not believe in our taking any position anywhere
unless we can make good; and as regards Manchuria, if the Japanese choose
to follow a course of conduct to which we are adverse, we cannot stop it
unless we are prepared to go to war, and a successful war about Manchuria
would require a fleet as good as that of England, plus an army as good as
that of Germany. The "open door" policy in China was an excellent thing,
and may be a good thing yet, so far as it can be maintained by general
diplomatic agreement; but as has been proved by the whole history of
Manchuria, alike under Russia and under Japan, the "open door" policy, as
a matter of fact, completely disappeared as soon as a powerful nation
determined to disregard it, and was willing to run the risk of war rather
than forego its intention. How vital Manchuria is to Japan, and how
impossible that she should submit to much outside interference therein,
may be gathered from the fact - which I learned from Kitchener in England

▪ 老羅斯福致塔夫脫總統信（2）

3

last year - that she is laying down triple lines of track from her coast
base() to Mukden, as an answer to the double tracking of the Siberian
Railway by the Russians. However friendly the superficial relations of
Russia and Japan may at any given time become, both nations are accustomed
to measure their foreign policy in sections of centuries; and Japan knows
perfectly well that sometime in the future, if a good occasion offers,
Russia will wish to play a return game of bowls for the prize she lost in
their last contest.

Now on the other hand, whereas our interests in Manchuria are really
unimportant, and not such that the American people would be content to
run the slightest risk of collision about them, our interest in keeping
the Japanese out of our own country is vital. Knox explained to me just
what the situation was; namely, that the Japanese would agree to a new
treaty now if we would omit from that treaty the stipulation in the
present treaty reserving our right to exclude by law Japanese laborers;
a secret memorandum or note having already been written by the Japanese
promising to continue the present arrangement by which their government
themselves prevent their people from coming here, while the insertion of
a provision in the treaty making it terminable on six months notice
permits this nation to terminate it and pass an exclusion law within six
months if at any time it finds it necessary to do so. Knox believed that

■ 老羅斯福致塔夫脫總統信（3）

4

the Senate would assent to this treaty, that the people of the West would
acquiesce in it, and that just as good results would flow from it as from
the present treaty arrangement, which, moreover, he did not think the
Japanese would under any circumstances renew. I have thought over this
most carefully, and while I am well aware that, as an outsider, I cannot
know the facts as you and Knox know them, and while I have not any idea
as to the feeling of the Pacific Slope, I must also add that the more I
have thought over the proposed arrangement, the more uncomfortable I have
felt about it. Unless you are very sure of your ground in the West, I
think you would run great risk of finding that the passage of such a
treaty would cause an explosion of anti-Japanese feeling, or even if no
such explosion followed, it would make the West feel that we had not been
careful of its most vital interest. As to this I may be entirely
mistaken, and of course you have opportunities of testing Western feeling
which I have not. So all I shall say upon this point is that I most
earnestly hope you will find out just what the people of the Pacific Slope,
especially California, will feel on this subject before going into such a
treaty. As to the next point that I raise, it is merely a question of
difference of judgment. I do not like to see the treaty enacted without
our reserving the right to exclude immigrants, as we do in the present
treaty. I know that the Japanese object greatly to this discrimination

■ 老羅斯福致塔夫脫總統信（4）

8

against them, as compared with other nations; but I would rather put the
provision into any further treaties with other nations than leave it out
of a treaty with the Japanese. We ought not to take any action which will
in any shape or way give color to the belief that we acquiesce in any
outside nation taking the position that it can say whom we shall or shall
not admit as immigrants or as citizens. Moreover, it may at any time
become necessary to pass an exclusion law. In such case, if we were
merely asserting a right guaranteed us under the existing treaty, there
would be infinitely less cause for hard feeling than if we denounced a
treaty, and brought to an end all relations of every kind secured by such
treaty, in order to exercise a right which the treaty had been so drawn
as explicitly to fail to recognise. I think the situation that would come
into being under these conditions would be infinitely graver, and fraught
with far more dangerous possibilities, than the situation that would be
caused by passing an exclusion law in accordance with the explicit
provisions of a treaty.

I am at a loss to understand the undoubted bitterness and intensity
of the anti-Japanese feeling in California. Governor Johnson spoke most
wisely and temperately on the subject. Billy Kent now writes me that he
does not think the Californians intend to pass any legislation about
schools through their Legislature; but his letter is so wild and

■ 老羅斯福致塔夫脫總統信（5）

8

incoherent on this whole subject (it includes, for instance, a statement
that the difficulty can only be met by abolishing the duty on sugar, so
that sugar shall go out of cultivation in Hawaii and the planters no
longer be tempted to introduce Japanese labor), that I can gain nothing
from it except that it probably does mean that there is much aimless but
strong anti-Japanese feeling in California; and this I gather from other
sources also. I think the Californians would be justified in restraining
the Japanese from the ownership of land all the more since, as I under-
stand it, the Japanese themselves at home do not allow foreigners to own
land. As a mere suggestion, which may be entirely valueless, I should
suggest that especial pains should be taken to circulate in the
California newspapers the fact, of which Knox told me, that during the
last year only two thousand Japanese came into this country, and more than
that number went out, so that an exclusion law at this time would be
pointless. You will, however, know more than I can know whether such
action would be of the least value.

As you will have already gathered, this letter is rather pointless,
at least to the extent that it makes no definite recommendations, and
simply suggests matters for thought and investigation. But of course I
know from experience how far better able the man doing the job is to tell
what should be done than any outsider possibly can be. I hope you will

■ 老羅斯福致塔夫脫總統信（6）

show this letter both to Knox, and to Root too if Knox thinks it wise.

Again wishing a merry Christmas to Mrs Taft and to you and to all your family.

I am,

Faithfully yours,

With my present knowledge I should feel very doubtful about the wisdom of dropping the exclusion clause in the treaty.

The Hon. William H. Taft,
President of the United States,
The White House,
Washington, D. C.

老羅斯福致塔夫脫總統信（7）

5 1909 年（上海）"萬國禁煙會議" 與中國國際地位

在辛亥革命發生的前兩年（1909 年）一個重要的國際會議扭轉了中國永遠被欺凌的國際地位；改變中國人在國際上被嘲笑為"東亞病夫"的惡名；也直接增強中山先生革命的陣容，給國人發奮圖強的機會。

■ 塔夫脱總統

從"總統文庫"中發現一封當時美國國務卿諾斯（Knox）寫給新上任的塔夫脱總統的信件。塔夫脱沒上任前是老羅斯福政府的國防部長，他秉承老上司在國際間主持正義的政策，同時也覺得鴉片瀰漫國際貿易市場，荼毒多少國家的子民，國際上在上海"萬國禁煙會議"的共鳴，大多數的國家都希望能採取一致國際行動，但沒有一個國家敢單獨向英國提出，生怕得到像中國一樣的懲罰，放眼望去每個列強都是唯利是圖，私心十足，如英國、法國、日本及泰國都以鴉片在國際上獲利，置別人的健康與生命於不顧。哪會願意在國際上主持正義？悄悄地，各國都投向美國，請她當下次在荷蘭海牙（Hague）"禁煙會議"的招集人。而美國又體會到中國禁煙決心和成果是上次在上海的萬國禁煙會議能夠召開的最主要原因。之前，美國因為在"門戶開放"政策推動之前便與中國簽訂《中美商約》，放棄鴉片利益，幫助中國禁煙。在這封諾斯的信中也特別提出國際間已

Corr. to Brent
posted 2/15-10

February 11, 1910.

My dear Mr. President:

Replying to your note of the 8th instant, enclosing Bishop Brent's letter of December 29th relative to the proposed International Opium Conference, I beg to return the Bishop's letter herewith, and to give you the following review of the Opium Question and the Proceedings relative to a further international conference:

At the Shanghai Commission of February, 1909, the American delegation introduced a resolution recognizing that the substantive resolutions finally passed by the Commission "cannot be made effective except by the joint action of the governments concerned," and recommending the principle of an international conference for the solution of the problem."

The

The President.

-2-

The discussion of this resolution clearly brought out the view that a conference with full powers was the necessary outcome of that commission. It seemed, however, to some of the delegates that the resolution might cause doubt as to which power should call the conference, and it was finally withdrawn on the tacit understanding that our Government would be expected to take that step. The American delegation's report of March 1, 1909, stated that they were of one mind in advising that the nations be invited to such conference at an early date, in order that the resolutions passed by the Commission might be put into practical shape, urging that the American Government is in better position than any other to take this step, and that the sooner it can be accomplished the better for China. Thereafter I was advised informally that the British government would probably welcome an advance from this Government for a conference. The idea has approved

itself

-3-

itself to me, and the question seemed largely to be reduced to considerations of time and place.

Accordingly, on September 1st, a circular letter proposing an international conference with full powers for the nations represented in the Shanghai Commission was sent to our diplomatic officers accredited to the various governments so represented, which was in due course presented to them. I have now to report that China, Portugal and the Netherlands have accepted our proposals, the latter government expressing a desire that the conference be held at the Hague, and a willingness, when notified by this Government as to the adhering powers, to issue the necessary letters of invitation. As to Great Britain, I am advised "that the government of India are being consulted in regard to the proposal put forward by the Government of the United States for an international conference at the Hague to conventionalize the resolutions adopted by the Shanghai Opium Commission." In his advices to me

Mr.

-4-

Mr. Reid further stated that the British Foreign Office wish to examine and consider the report of the Shanghai Commission and some little time might therefore elapse before its final reply was received.

It thus seems that the conference is not only highly desirable and important but is practically assured; that, however, owing to the large financial interests of Great Britain, France, Japan and Siam in the opium trade, they are obliged to study the invitation of this Government before finally accepting its proposals.

I may add that I have just received from Dr. Hamilton Wright, who is charged with the conduct of the opium negotiations under Dr. Scott, the Solicitor of the Department, a long and very exhaustive report on the Shanghai Commission, on the proposed conference and on the opium and allied problems within the United States and its possessions, with a draft of bills for remedial legislation seeking to control interstate traffic in opium, etc. After I have examined that report, I

shall

■ 國務卿致塔夫脫總統信（1）

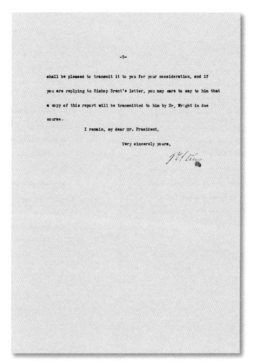

■ 國務卿致塔夫脫總統信（2）

呼籲美國去招集所有參加上海會議的各國，再一次參加禁煙會議，訂下禁煙規定，越快則對中國越有利，這個提議中國、葡萄牙及荷蘭立刻贊成。

而以鴉片謀利多年的英國、法國、日本和泰國卻遲遲沒有作覆。相信每一位了解清末歷史的讀者，一提到道光期間清廷與各個強權不斷簽署不平等條約，都有義憤填膺的感覺。這一連串不平等條約始於 1842 年英國海軍因要求清廷賠償被兩廣總督林則徐燒毀的兩千箱英國運來中國的鴉片，不得逞而打敗了中國海軍，在南京簽下奇恥大辱的第一個不平等條約。內容包括要求中國開五港通商，割地（香港島），賠巨款。從此以後，英國更是名正言順地每年運來大量的鴉片，在 1842 年，中國人口是 416,118,200 人,其中有兩百萬人吸鴉片,到了 1881 年,中國的人口萎縮到 369,183,000 人,中間就有一億兩千萬 (120,000,000) 人吸鴉片。幾乎三分之一的中國人口被鴉片殘害成行屍走肉,成天無所事事,沉醉於吸毒中,成為名符其實的 "東亞病夫"。[8]

鴉片戰爭是中國歷史上一個令人痛心疾首的奇恥大辱;同時也導致愛國者要推翻滿清,建立一個以民為主的國家的導火線,深具歷史研究的價值。

在 19 世紀期間,來中國做進出口貿易的歐洲人很多,因為謀利甚豐,又因為清廷對國際貿易規定嚴格,一般中國市民有能力購買的商品謀利不多,於是英國商人專門做奢侈品生意,例如從中國進口茶葉絲綢去英國,又從英國運銀礦來中國。但因銀礦漸漸增值,利潤被減低,於是英國商人便想到以鴉片代之。英國大量出口鴉片始於 1781 年,到了 1837 年推銷的量數增加五倍!英國人利用其殖民地印度種植鴉片,然

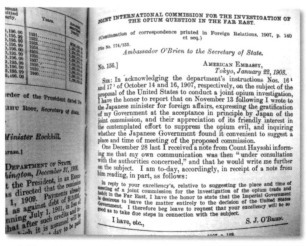

■ 有關召集海牙 "禁煙會議" 的外文文獻

8　Brockhaus and Efron Encyclopedic Dictionary [1] (http://dic.academic.ru/dic.nsf/brokgauz_efron/132246%D0%9A%D0%B8%D1%82%D0%B0%D0%B9)

後由英國東印度公司運入中國。起先清廷忽視這鴉片問題，等到發覺當時 (1839 年) 已有二百多萬人每天吸用鴉片，成為廢人，清廷才指派兩廣總督林則徐去處理禁煙的任務。林則徐對這任務十分認真，立刻下令所有商店禁止銷售鴉片。繳交所有存貨，並下令外國商人簽署"禁賣鴉片"條規，違者處以死刑。他同時要英國商務總管艾禮 (Charles Elliot) 去命令英國商人把所有鴉片交出，並答應他們的損失將會由英國政府抵償 (這個承諾就成為後來英國攻打中國的主要原因)。幾日之內，20,000箱鴉片，每箱 55 公斤，都匯集一起，林則徐毫不猶豫地把它們燒毀掉。

　鴉片燒毀完畢，林總督以曉以大義的誠懇，抱着忠國愛民的情懷，更以感人肺腑的哀求，寫了一封五頁紙的摺奏給英國的維多利亞女王 (Queen Victoria)。遺憾的是這封信從沒有呈遞給英女皇！而千萬的中國人則繼續備受荼毒！直到 1909 年 (在上海) 及 1912 年 (在海牙) 的萬國禁煙會議，鴉片的荼毒才慢慢清除，中國人總算走出了一個酷劫。

THE

CHINESE REPOSITORY.

Vol. VIII.—February, 1840.— No. 10.

Art. I. *Letter to the queen of England, from the high imperial commissioner Lin, and his colleagues. From the Canton Press.*

Lin, high imperial commissioner, a president of the Board of War, viceroy of the two Keäng provinces, &c., Tăng, a president of the Board of War, viceroy of the two Kwang provinces, &c., and E, a vice-president of the Board of War, lieut.-governor of Kwangtung, &c., hereby conjointly address this public dispatch to the queen of England for the purpose of giving her clear and distinct information (on the state of affairs) &c.

It is only our high and mighty emperor, who alike supports and cherishes those of the Inner Land, and those from beyond the seas — who looks upon all mankind with equal benevolence — who, if a source of profit exists anywhere, diffuses it over the whole world — who, if the tree of evil takes root anywhere, plucks it up for the benefit of all nations :— who, in a word, hath implanted in his breast that heart (by which beneficent nature herself) governs the heavens and the earth! You, the queen of your honorable nation, sit upon a throne occupied through successive generations by predecessors, all of whom have been styled respectful and obedient. Looking over the public documents accompanying the tribute sent (by your predecessors) on various occasions, we find the following :—" All the people of my (i. e. the king of England's) country, arriving at the Central Land for purposes of trade, have to feel grateful to the great emperor for the most perfect justice, for the kindest treatment," and other words to that effect. Delighted did we feel that the kings of

your honorable nation so clearly understood the great principles of propriety, and were so deeply grateful for the heavenly goodness (of our emperor):— therefore, it was that we of the heavenly dynasty nourished and cherished your people from afar, and bestowed upon them redoubled proofs of our urbanity and kindness. It is merely from these circumstances, that your country — deriving immense advantage from its commercial intercourse with us, which has endured now two hundred years — has become the rich and flourishing kingdom that it is said to be!

But, during the commercial intercourse which has existed so long, among the numerous foreign merchants resorting hither, are wheat and tares, good and bad; and of these latter are some, who, by means of introducing opium by stealth, have seduced our Chinese people, and caused every province of the land to overflow with that poison. These then know merely to advantage themselves, they care not about injuring others! This is a principle which heaven's Providence repugnates; and which mankind conjointly look upon with abhorrence! Moreover, the great emperor hearing of it, actually quivered with indignation, and especially dispatched me, the commissioner, to Canton, that in conjunction with the viceroy and lieut.-governor of the province, means might be taken for its suppression!

Every native of the Inner Land who sells opium, as also all who smoke it, are alike adjudged to death. Were we then to go back and take up the crimes of the foreigners, who, by selling it for many years have induced dreadful calamity and robbed us of enormous wealth, and punish them with equal severity, our laws could not but award to them absolute annihilation! But, considering that these said foreigners did yet repent of their crime, and with a sincere heart beg for mercy; that they took 20,283 chests of opium piled up in their store-ships, and through Elliot, the superintendent of the trade of your said country, petitioned that they might be delivered up to us, when the same were all utterly destroyed, of which we, the imperial commissioner and colleagues, made a duly prepared memorial to his majesty;— considering these circumstances, we have happily received a fresh proof of the extraordinary goodness of the great emperor, inasmuch as he who voluntarily comes forward, may yet be deemed a fit subject for mercy, and his crimes be graciously remitted him, But as for him who again knowingly violates the laws, difficult indeed will it be thus to go on repeatedly pardoning! He or they shall alike be doomed to the penalties of the new statute. We presume that you, the sovereign of your honorable nation, on pouring out your

heart before the altar of eternal justice, cannot but command all foreigners with the deepest respect to reverence our laws! If we only lay clearly before your eyes, what is profitable and what is destructive, you will then know that the statutes of the heavenly dynasty cannot but be obeyed with fear and trembling!

We find that your country is distant from us about sixty or seventy thousand miles,* that your foreign ships come hither striving the one with the other for our trade, and for the simple reason of their strong desire to reap a profit. Now, out of the wealth of our Inner Land, if we take a part to bestow upon foreigners from afar, it follows, that the immense wealth which the said foreigners amass, ought properly speaking to be portion of our own native Chinese people. By what principle of reason then, should these foreigners send in return a poisonous drug, which involves in destruction those very natives of China? Without meaning to say that the foreigners harbor such destructive intentions in their hearts, we yet positively assert that from their inordinate thirst after gain, they are perfectly careless about the injuries they inflict upon us! And such being the case, we should like to ask what has become of that conscience which heaven has implanted in the breasts of all men?

We have heard that in your own country opium is prohibited with the utmost strictness and severity :— this is a strong proof that you know full well how hurtful it is to mankind. Since then you do not permit it to injure your own country, you ought not to have the injurious drug transferred to another country, and above all others, how much less to the Inner Land! Of the products which China exports to your foreign countries, there is not one which is not beneficial to mankind in some shape or other. There are those which serve for food, those which are useful, and those which are calculated for re-sale ;— but all are beneficial. Has China (we should like to ask) ever yet sent forth a noxious article from its soil? Not to speak of our tea and rhubarb, things which your foreign countries could not exist a single day without, if we of the Central Land were to grudge you what is beneficial, and not to compassionate your wants, then wherewithal could you foreigners manage to exist? And further, as regards your woolens, camlets, and longells, were it not that you get supplied with our native raw silk, you could not get these manufactured! If China were to grudge you those things which yield a profit, how could you foreigners scheme after any profit at all? Our other articles of food, such as sugar, ginger, cinnamon, &c.,

* That is, Chinese miles — from 20 to 23,000 British statute miles.

and our other articles for use, such as silk piece-goods, chinaware, &c., are all so many necessaries of life to you; how can we reckon up their number! On the other hand, the things that come from your foreign countries are only calculated to make presents of, or serve for mere amusement. It is quite the same to us if we have them, or if we have them not. If then these are of no material consequence to us of the Inner Land, what difficulty would there be in prohibiting and shutting our market against them? It is only that our heavenly dynasty most freely permits you to take off her tea, silk, and other commodities, and convey them for consumption everywhere, without the slightest stint or grudge, for no other reason, but that where a profit exists, we wish that it be diffused abroad for the benefit of all the earth!

Your honorable nation takes away the products of our central land, and not only do you thereby obtain food and support for yourselves, but moreover, by re-selling these products to other countries you reap a threefold profit. Now if you would only not sell opium, this threefold profit would be secured to you : how can you possibly consent to forego it for a drug that is hurtful to men, and an unbridled craving after gain that seems to know no bounds! Let us suppose that foreigners came from another country, and brought opium into England, and seduced the people of your country to smoke it, would not you, the sovereign of the said country, look upon such a procedure with anger, and in your just indignation endeavor to get rid of it? Now we have always heard that your highness possesses a most kind and benevolent heart, surely then you are incapable of doing or causing to be done unto another, that which you should not wish another to do unto you! We have at the same time heard that your ships which come to Canton do each and every of them carry a document granted by your highness' self, on which are written these words " you shall not be permitted to carry contraband goods ;" (the ship's register?) this shows that the laws of your highness are in their origin both distinct and severe, and we can only suppose that because the ships coming here have been very numerous, due attention has not been given to search and examine ; and for this reason it is that we now address you this public document, that you may clearly know how stern and severe are the laws of the central dynasty, and most certainly you will cause that they be not again rashly violated!

Moreover, we have heard that in London the metropolis where you dwell, as also in Scotland, Ireland, and other such places, no opium

林則徐致英女王信（英文）（1）

whatever is produced. It is only in sundry parts of your colonial kingdom of Hindostan, such as Bengal, Madras, Bombay, Patna, Malwa, Benares, Malacca,* and other places where the very hills are covered with the opium plant, where tanks are made for the preparing of the drug; month by month, and year by year, the volume of the poison increases, its unclean stench ascends upwards, until heaven itself grows angry, and the very gods thereat get indignant! You, the queen of the said honorable nation, ought immediately to have the plant in those parts plucked up by the very root! Cause the land there to be hoed up afresh, sow in its stead the five grains, and if any man dare again to plant in these grounds a single poppy, visit his crime with the most severe punishment. By a truly benevolent system of government such as this, will you indeed reap advantage, and do away with a source of evil. Heaven must support you, and the gods will crown you with felicity! This will get for yourself the blessing of long life, and from this will proceed the security and stability of your descendants!

In reference to the foreign merchants who come to this our central land, the food that they eat, and the dwellings that they abide in, proceed entirely from the goodness of our heavenly dynasty:—the profits which they reap, and the fortunes which they amass, have their origin only in that portion of benefit which our heavenly dynasty kindly allots them: and as these pass but little of their time in your country, and the greater part of their time in our's, it is a generally received maxim of old and of modern times, that we should conjointly admonish, and clearly make known the punishment that awaits them.

Suppose the subject of another country were to come to England to trade, he would certainly be required to comply with the laws of England, then how much more does this apply to us of the celestial empire! Now it is a fixed statute of this empire, that any native Chinese who sells opium is punishable with death, and even he who merely smokes it, must not less die. Pause and reflect for a moment: if you foreigners did not bring the opium hither, where should our Chinese people get it to re-sell? It is you foreigners who involve our simple natives in the pit of death, and are they alone to be permitted to escape alive? If so much as one of those deprive one of our people of his life, he must forfeit his life in requital for that which he has taken:—how much more does this apply to him who by means of opium destroys his fellow-men? Does the havoc which he

* We have been obliged to guess at the names of some of these places.

commits stop with a single life? Therefore it is that those foreigners who now import opium into the Central Land are condemned to be beheaded and strangled by the new statute, and this explains what we said at the beginning about plucking up the tree of evil, wherever it takes root, for the benefit of all nations.

We further find that during the second month of this present year (i. e. 9th April, 1839), the superintendent of your honorable country, Elliot, viewing the law in relation to the prohibiting of opium as excessively severe, duly petitioned us, begging for "an extension of the term already limited, say five months for Hindostan and the different parts of India, and ten for England, after which they would obey and act in conformity with the new statute," and other words to the same effect. Now we, the high commissioner and colleagues, upon making a duly prepared memorial to the great emperor, have to feel grateful for his extraordinary goodness, for his redoubled compassion. Any one who within the next year and a half may by mistake bring opium to this country, if he will but voluntarily come forward, and deliver up the entire quantity, he shall be absolved from all punishment for his crime. If, however, the appointed term shall have expired, and there are still persons who continue to bring it, then such shall be accounted as knowingly violating the laws, and shall most assuredly be put to death! On no account shall we show mercy or clemency! This then may be called truly the extreme of benevolence, and the very perfection of justice!

Our celestial empire rules over ten thousand kingdoms! Most surely do we possess a measure of godlike majesty which ye cannot fathom! Still we cannot bear to slay or exterminate without previous warning, and it is for this reason that we now clearly make known to you the fixed laws of our land. If the foreign merchants of your said honorable nation desire to continue their commercial intercourse, they then must tremblingly obey our recorded statutes, they must cut off for ever the source from which the opium flows, and on no account make an experiment of our laws in their own persons! Let then your highness punish those of your subjects who may be criminal, do not endeavor to screen or conceal them, and thus you will secure peace and quietness to your possessions, thus will you more than ever display a proper sense of respect and obedience, and thus may we unitedly enjoy the common blessings of peace and happiness. What greater joy! What more complete felicity than this!

Let your highness immediately, upon the receipt of this communication, inform us promptly of the state of matters, and of the measures

you are pursuing utterly to put a stop to the opium evil. Please let your reply be speedy. Do not on any account make excuses or procrastinate. A most important communication.

P. S. We annex an abstract of the new law, now about to be put in force. "Any foreigner or foreigners bringing opium to the Central Land, with design to sell the same, the principals shall most assuredly be decapitated, and the accessories strangled;—and all property (found on board the same ship) shall be confiscated. The space of a year and a half is granted, within which, if any one bringing opium by mistake, shall voluntarily step forward and deliver it up, he shall be absolved from all consequences of his crime."

This said imperial edict was received on the 9th day of the 6th month of the 19th year of Taoukwang, (19th July, 1839), at which the period of grace begins, and runs on to the 9th day of the 12th month of the 20th year of Taoukwang (15th January, 1841), when it is completed.

ART. II. *Memorial, proposing to appoint an intendant of circuit to reside at Macao.*

POSTSCRIPT to a memorial, from the commissioner, governor, and lieutenant-governor.

Again, your majesty's servants have humbly perused your high commands here following: "Lin has been put into the government of the Leäng Keäng. Though just now intrusted with the special care of this matter, yet how can he remain constantly in Kwangtung? And Tång has the general control of the public business of two provinces — business not small and uncomplicated : and he must not in attention to one thing neglect the rest; but still must care for and retain in due order the whole field of action, preserving all sound and sure; so that, hereafter, when the roots of evil are wholly cleared away, he may be able to speak of eternal rest of the fruit of one effort of labor. Respect this."

Perusing these commands, we look up and behold our imperial sovereign's intelligent conduct of the machinery of affairs, and his high desire of stooping to give effect to his servants' labors. We have, at present, left the Bocca Tigris and returned to the provincial ca-

■ 林則徐致英女王信（英文）（2）

林文忠公林禁煙奏稿　外元孫沈覲敬題

林文忠公禁煙奏稿

使粵奏稿　六四

會奏擬具檄諭咭唎國王底稿恭候

欽定摺　奏為遵　旨擬具檄諭咭唎國王底稿恭呈

御覽仰祈

欽定事稿　臣林則徐上年在京

陛見面奏禁止鴉片一事擬頒發檄諭曉示外

夷容俟到粵與督　臣鄧廷楨等酌商奏請

諭著與鄧廷楨的父擬底稿具奏經欽披覽再行頒發等因欽此維時　臣等諭令

上

在粵之嘆咭唎國領事義律及住省各夷人呈繳㗂船鴉片辦理正屬應手因思外

國重洋逖隔尚可暫緩檄行當將就近諭夷緣由介詞附片覆

奏嗣奉

上

諭嘆咭唎既有在粵領事及住省夷人經該大臣等就近諭知辦理應手所有檄諭

該國之處亦當暫緩頒行俟議定與販食各罪名須行於善後章程內

聖主因時制宜周詳

另行詳細籌議仍遵前旨擬稿進呈再行頒發欽此仰見

指示之至意　臣等局勝欽感茲新例業已頒到所有內地販吸食並夷人火

帶鴉片各罪名均經議定因食粵省成案凡欽奉

諭旨事涉外夷者大都由督

使粵奏稿

撫　臣聯銜照會該國王欽遵辦理此次既頒新例自應宣示重洋咸使懷

威邊善遠罪除一切善後章程容俟詳細籌議另

奏外所有檄諭外國之

稿應先酌擬進呈唯查各國夷船來至粵省者如西洋夷人久住澳門幾成土著自

可就近給諭毋庸遠寄出洋其嘛喇哂哂哩大小呂宋雙鷹嘽國最國近年買

賣較稀惟嘆咭唎之船最多咪唎堅次之但咪唎堅並無國王只分置二十四處頭

人礦難遍行傳檄嘆咭唎國現係女主年紀亦輕然聞號令係其所出則該國似宜

先須檄諭　臣等不揣固陋謹會同商擬底稿另摺恭錄進　臣伏祈

聖鑒折

衷俾有體要敬候　欽定發回之後再議領發其餘各國俱先諭知在粵夷目

商倘該夷目等稟請移知其國王然後　奏明酌發是否有當　臣等謹合詞恭摺

具

奏伏乞

皇上聖鑒訓示謹

奏

具

六五

■ 林則徐有關禁煙致英女王信的奏稿（1）

擬諭嘆咭唎國王檄

謹擬頒發檄諭嘆咭唎國王底稿恭候

　欽定

為照會事洪惟我

　大皇帝撫綏中外一視同仁利則與天下公之害則為天下
去之蓋以天地之心為心也貴國王累世相傳皆稱恭順觀歷次進貢表文云凡本
國人到中國貿易均蒙

　大皇帝一體公平恩待等語竊喜貴國王深明大義感
激　天恩是以

　天朝柔遠綏懷倍加優禮貿易之利垂二百年該國所由以
富庶稱者賴有此也唯是通商已久奸夷良莠不齊遂有夾帶鴉片誘惑華民以致
毒流各省者似此但知利己不顧害人乃天理所不容人情所共憤　大皇帝聞
而震怒　特遣本大臣來至廣東與本總督部堂會同查辦凡內地民人販鴉片食
鴉片者皆應處死惟追究夷人歷年販賣之罪則其貽害深而擢禍重本為法所當
誅惟念眾夷倘知悔罪乞誠將毒船鴉片二萬二百八十三箱山領事官義律禀請
繳收全行燬化焚經本大臣等據實具奏幸蒙

　大皇帝格外施恩以自首著情

六六

倘可原姑寬免罪再犯者法難屢貸立定新章諒貴國王撫化傾心定能諭令眾夷
競競奉法但必曉以利害乃知　天朝法度斷不可以不懷遵也查該國距內地
六七萬里而夷船爭來貿易者為獲利之厚故耳以中國之利利外夷是夷人所獲
之厚利皆從華民分去豈有反以毒物害華民之理即夷人未必有心為害而貪利
之極不顧害人試問天良安在閩該國禁食鴉片甚嚴是固明知鴉片之為害也既
不使為害於該國則他國尚不可移害於外國者況中國乎中國所行於外國者無一非利人
之物利於食利於用並有利也中國曾有一物害於外國否兄如茶葉大
黃外國所不可一日無也中國若靳其利而不恤其害則夷人以何以為生又外國之
呢羽嗶嘰非得中國絲斤不能成織若中國亦靳其利何可圖為外夷之餘食也既
不顧害人乃該國禁食鴉片甚嚴是固明知鴉片之為害也其餘食物皆可
圖種造鴉片者重治其罪此真與利除害之大仁政天所佑神所福延年壽長子
糖料薑桂而外用物自綢緞磁器而外來之物皆不
過以供玩好可有可無既非中國要需而雖閉關絕市乃
任其販運流通絕不靳惜無他利與天下公之也該國帶去內地貨物不特自貴食

六七

用且得以分售各國獲利三倍即不賣鴉片而其三倍之利自在何忍更以害人之
物恣無厭之求乎設使別國有人販鴉片至嘆國誘人買食當亦貴國王所深惡而
痛絕之也向閱貴國王存心仁厚是以所不肯以已所不欲者施之於人並聞來粵之船
皆經頒給條約有不許攜帶禁物之語是貴國之政本屬嚴明祇因商船眾多
前此或未加察行文照會明知

　天朝禁令之嚴定必使之不敢再犯且閩貴
國王所都之蘭倫及蘇格蘭愛倫等處本皆不產鴉片惟所轄地方如嗹啊啦
嗢嗹嚹嘧啞等處連山栽種開池製造累月經年以厚其毒

　天朝平今定華民之例賣鴉片者
吳礁上達天怒恫貴國王誠能於此等處拔盡根株盡地改種五穀有敢再
圖種造鴉片者重治其罪此真與利除害之大仁政天所佑神所福延年壽長子
孫必在此舉矣至夷商來至內地飲食居處處處無非

　天朝之樂利其在該國少而在粵東多日傳教明刑古今通義詧
如別國人到嘆國貿易尚須澄嘆國法度兄

　天朝平今定華民之例賣鴉片者

六八

死食者亦死試思夷人若無鴉片帶來則華民何由轉賣何由吸食是好夷實陷華
民於死豈能獨予以生彼害人一命者尚須以命抵之兄鴉片之害人豈止一命已
乎故新例於帶鴉片來內地之夷人定以斬絞之罪所謂為天下去害者此也復查
本年二月間據該國領事義律以新令禁止森嚴禀求寬限凡印度港腳屬地請限
五月嘆國本地請限十月然即以新例遵行等語今本大臣等奏蒙

　大皇帝
格外天恩亦試思夷人若無鴉片帶來則是明知犯罪即正法斷不寬宥可謂仁之至義之盡矣
我　天朝君臨萬國儻有不測神威然不忍故特明宣定例該國夷商
欲圖長久貿易必當懍遵憲典將鴉片永斷來源切勿以身試法王其詰奸除暴以
保父爾有邦益明恭順之忱共享太平之福幸甚接到此文之後即將杜絕鴉
片緣由速行移覆切勿諉延須至照會者

六九

■ 林則徐有關禁煙致英女王信的奏稿（2）

附　禁煙文件摘譯

文件號：511.4A1/1364b

眾議院文件第 33 號，第 63 屆國會，第一次會議

總統致國會有關國務卿信件的諮文 [9]

致參眾兩院：

　　在傳達來自國務卿的附帶報告時，我最為強烈地敦請，不但立即撥付所要求的 $20,000 款項，其必要性不言而喻，而且通過必要的反毒品法，對此本政府在國際上已作出承諾。

　　就個人而言，這是一個讓我高興的消息，並且我確信，這將一直是，讓全體國民高興的幸事。本政府，認識到了鴉片及相關危害性，本應發起世界範圍的旨在消除它們的運動。在這個重要關頭，如果不能明確而成功地採取一些必要措施去完成這項工作將是不可思議的，因此，我相信，在通過所要求的法律方面不會有延誤，如果不禁止已導致如此世界範圍苦難和墮落的惡習，情況就不會隨之緩和。

伍德羅・威爾遜（Woodrow Wilson）

白宮，1913 年 4 月 21 日

9　已提交撥款委員會以供參考。——原註。

附件

國務卿致總統

國務院

華盛頓〔未註日期〕

總統：

自我們同中國以及其他東方國家建立外交關係起，本政府一貫的政策是，支持這些國家致力於阻止其國內鴉片禍害的蔓延，或是支援他們剷除這種禍害。與這項既定政策相一致，並且早在 1833 年，在同中國、日本和暹羅談定的各項條約中，美國公民被絕對禁止直接或間接從事鴉片貿易，或是被許可從事只符合這些國家法律的貿易。

1906 年秋，本政府獲悉中國已開始決心在其國界內消除鴉片禍害，本政府發起了一場國際運動，旨在代表中國一方努力實現同那些在遠東有屬地的西方列強的合作，這些列強涉及由遠東鴉片貿易所引起的經濟、外交和其他方面的糾紛。本政府之所以被認可倡導這項國際運動，不但因最早禁止美國公民在東方從事鴉片貿易的事實，而且因有必要保護菲律賓群島的居民免受這種貿易的影響。為推進其開展，本政府在 1906 年 9 月着手同英國、法國、德國、日本、荷蘭和中國政府通信聯繫 [10]，以確定是否已到了相關各國決定終止整個遠東鴉片貿易的時候。上述各國政府表示願意同美國合作，並同意對該問題進行一項聯合調查。於是，另外六個特別關注東方的國家，即俄國、奧匈、意大利、葡萄牙、波斯和暹羅，也被要求參與調查，並且於 1909 年 2 月，在中國上海召開

---

10 *Papers relating to the foreign relations of the United States with the annual message of the president transmitted to Congress December 3, 1906*, pp. 352 − 369. —— 原註。

了國際鴉片委員會會議[11]。該委員會從各方面全面研究了鴉片問題，並達成九項共識，包含了對生產和使用鴉片、嗎啡等危害的譴責，和採取措施終止這些危害泛濫的有關建議。

但是，國際鴉片委員會未被授權去訂立一項使參與國承擔相關義務的公約。這個委員會的功能僅限於研究、考慮和作出建議。為取得更積極的結果，採取進一步的措施是必要的：在相關政府代表參加的會議上就一項國際公約達成一致，此公約不但規定鴉片生產、貿易應遵循的國際規則，而且規定總則，據此，在各個國家的領土上，鴉片應嚴格限於醫療目的。於是，在 1909 年秋，本政府向在國際鴉片委員會有代表的政府提出了一項建議[12]，應在海牙或其他地方召開由擁有全權的代表組成的會議，使國際鴉片委員會達成的結論以及從中得出的重要推論成為慣例。該建議包含了一項被證明得到普遍認可的試驗性計劃。

荷蘭政府非常爽快地建議會議在海牙召開，1911 年 12 月 1 日，應荷蘭女王的邀請，出席上海萬國禁煙會的各國代表在那裏召開會議[13]，代表們在各自政府的授權下制定和簽署了一份國際公約[14]。在促成會議召開的美國與多國政府之間的通信中，不但談及消除鴉片危害的必要，而且對嗎啡、可卡因和印度大麻等毒品的禍害也作了詳盡闡述，相關各國政府同意，這些問題將包括進行工作的計劃之中，並依據公約置於如同鴉片一樣的限制之下。

1912 年 1 月 23 日，海牙會議各代表簽署了一項對鴉片、嗎啡和可

11　*Papers relating to the foreign relations of the United States with the annual message of the president transmitted to Congress December 7, 1909*, pp. 95－115.——原註。

12　*Papers relating to the foreign relations of the United States with the annual message of the president transmitted to Congress December 7, 1909*, pp. 107－111.——原註。

13　*Papers relating to the foreign relations of the United States with the annual message of the president transmitted to Congress December 7, 1911*, p.56.——原註。

14　*Papers relating to the foreign relations of the United States with the annual message of the president transmitted to Congress December 3, 1912*, 第 188 頁及隨後——原註。

卡因的生產、國際和國內貿易作出嚴格規定的公約 [15]；而且重要的是，它向中國確認了中國與英國於 1911 年 5 月 8 日所達成的協定中所有相關內容。（見參議院文件第 733 號，第 62 屆國會，第 2 次會議 [16]。）

上海禁煙委員會要解決的不但是人道主義和道義上的問題，而且是極具經濟重要性的問題，這一點在海牙會議開會期間得到部分認同並進一步得到發展。因為它們不但影響着與東方關係密切、其代表已雲集海牙的十二個國家的歲入和經濟利益，而且影響世界大部分其他國家，會議得出結論，為使公約發揮作用，有必要保證世界其他國家遵守公約。因此，草案規定，在公約第 22 條中所提到的三十四個其他國家以增補簽字議定書的形式加入公約簽字國之前，公約不會生效。

經過荷蘭政府和美國的共同努力，到去年 12 月 31 日，獲得了公約的必要增補簽字。在未能獲得所有三十四個簽字的情況下，荷蘭政府立即着手召集一次所有簽字國的決定性會議，那次會議決定實行公約批准保證金。直到去年 12 月 31 日，拉美國家中，有兩國政府簽字，或是保證簽字；然而，歐洲國家中有三國拒絕簽字。由於需簽字的三十四個國家中還有一些未在公約上簽字，第二次決定性會議現在成為必要，荷蘭女王因此已邀請所有簽字國政府派全權代表在 6 月赴海牙，接着就公約批准保證金達成一致，以此希望將明確終止與鴉片、嗎啡和可卡因的生產和貿易相關的令人痛惜的危害的泛濫。

總統先生，這是一場過去六年我密切注視的運動。我研究了與此相關的所有重要事實和文獻，很高興回顧這場人道主義的、道義上的和經濟的運動的發展，經歷了從本政府與五、六個世界大國之間的磋商到目

15　*Papers relating to the foreign relations of the United States with the annual message of the president transmitted to Congress December 3, 1912*, 第 196 頁及隨後 —— 原註。

16　*Papers relating to the foreign relations of the United States with the annual message of the president transmitted to Congress December 3, 1912*, 第 193 頁及隨後 —— 原註。

前開始合作並得到了幾乎全部文明國家的支援，儘管這意味着各國未來年度總收入可能涉及超過五千萬美元的財政損失。整個運動闡明了一項廣為世人贊同的原則和觀點：諸如鴉片罪惡這樣的禍害，就其發生而言，決不是受害國一國之事，亦不可能由輸出國和輸入國兩個國家獨自查禁，就如遠東鴉片貿易那樣，而是，在一個國家內表現出的危害，在其他國家也有隨附或類似的禍害，因此，從道義的、人道主義的、經濟的和外交方面看，這種禍害是國際性的；而且，很少能夠由一國行動單獨剷除，因此，在這種禍害緩和和禁止之前，必須是所有直接或間接相關的國家進行合作。這場美國承擔了如此重任的運動，最初被認為只涉及那些遠東國家或那些在遠東擁有屬地的五六個西方國家。但是，它通過由代表十三國的委員組成的一個持重的國際委員會，以及通過這些國家中的十二國擁有全權的代表組成的會議的方式，繼續前行。這些代表以他們政府的名義制訂和簽署了一項包括嚴格保證本國立法和國際合作的公約，並提交餘下的三十四個歐洲和美洲國家簽字；至今，三十四個國家中只有三個在猶豫不決。

在東方和其他地方，我看到了因鴉片泛濫造成的災禍，我們政府站在了一場進步運動的最前列，我因之而自豪，通過世界其他國家的合作，這場運動已進行到了關鍵時刻，為消除毒品的濫用，採取一項最終的步驟完全是必要的，儘管在正確使用時給人類帶來了無法估量的益處，但濫用時毒品是一種禍害。

這場旨在禁止鴉片貿易的國際運動給中國帶來了極大的益處，是其現代化復興中難以否認的重要因素之一，並且不容置疑的是，文明世界已團結起來去支持該國的禁止鴉片運動，因為這場禁止鴉片運動不是間歇性的和政府的事情，而是中國人民意志的真正體現，以及通過這種意志去實現的事情。

因鴉片濫用而使中國承受近乎難以忍受的經濟負擔。最高行政當局聲稱，在禁煙運動前，中國人每年花費逾一億五千萬美元用在外國和本土鴉片的消費上；用於生產本土鴉片的土地價值，如果用來種植小麥或其他更有用的作物，將給中國人產生每年大約一億美元的回報；幾百萬吸食鴉片成癮的人使中國的平均生產力減少了四分之一，導致每年近三億美元的生產力損失，或是給中國造成每年大約五億五千萬美元的總體損失。按照這種計算，涉及到的資本損失難以估量。

對我而言不難看出，使中國擺脫鴉片禍害將增進所有相關國家的信譽，並使數量眾多的中國人解放出來大力發展國內和對外的貿易，以達到我們的商業機構早已實現的程度，為那些衷心幫助中國和其新政運動的國家帶來實質性的益處，並很快能使中國人像世界任何其他人民一樣在經濟上自由地站立起來。

然而，我感到遺憾的是，國際和國內禁止鴉片的努力有一特點使美國政府和人民深感不安。已經提到了由美國發起的禁止鴉片禍害國際運動的反射性影響使幾乎所有相關國家都採取了改善立法的形式，在一些國家甚至採取了非常激進的立法。儘管如此，本政府自 1909 年 2 月起——《聯邦禁止鴉片法》通過的時間——還未採取任何進一步的確切行動在美國對鴉片及其相關貿易進行聯邦管理。《禁止鴉片法》的通過是國會採取的打掃自家屋子的第一項舉措。有三項法案提交上一屆國會，旨在對該法作出補充和完善 [17]。我獲悉，在本屆國會的早些時候，它們將被提交，並將被敦促通過，這樣置本政府於世界面前一個正義的地位。這是極其所願的。

我們的代表出席即將在海牙召開的會議的必要性顯而易見，對此我不需要加以細說，因此我有幸建議，應立即請求國會撥付兩萬美元款項，

---

17 *Papers relating to the foreign relations of the United States with the annual message of the president transmitted to Congress December 3, 1912*, p.220. —— 原註。

或者諸如此類需要的款項，以使本政府能夠支付通過在海牙即將召開的
決定性會議繼續努力消除鴉片禍害的費用，並使迄今達成的結果產生作
用，這筆款項將按國務卿的意見花費，且在為此撥款的目標實現之前，
繼續能夠獲得。

　　由於即將召開的會議將在接下來的六月舉行，本政府必須為此作出
必要和全面的準備，立即進行可獲得的撥款是非常重要的。

　　致敬

布賴恩（W. J. Bryan）

（文獻翻譯：耿志）

6 辛亥革命居正檔案

經過孫中山先生多年鍥而不捨的宣傳，無數滿腔熱血的愛國志士都加入了民主革命行列。他們都是豪情俠氣，百折不回的革命家。在這些重要革命黨分子中，一位祖居在湖北廣濟的革命志士居正先生，在民國建立的艱辛歷程中未嘗與革命片刻分離。他早年在海外努力發動各種吸收同志的活動，其中最重要歷史史實是和孫中山、宋教仁、譚人鳳等志士在 1905 年 8 月 20 日在日本東京發起設立同盟會。主要目的是要把革命的力量團結在一起，能以同一目標與步驟去行事，

■ 居正先生肖像

當時合併在同盟會裏的包括興中會、光復會及別的革命團體。

同盟會的宗旨是連結共和主義者、民族主義者及社會主義者的思想融合成同盟會的政治理念，那就是"驅除韃虜，恢復中華，創立民國，平均地權。"

1906 年當中山先生去新加坡推動革命的期間，在該地成立了同盟會分會，又叫南洋分會，成為中山先生支配東南亞革命運動的總部。

一直以來，革命黨人認為"湖北居中國之中，宜首倡義"，所以居正、宋教仁及譚人鳳等早在東京發起設立同盟會中部總會，作為統籌在長江流域一切革命活動的大本營。但各同志以長江革命需要長期的經營，所以未進一步成立具體的組織，及至廣州"三‧二九"起義失敗後，

同盟會突然失去重心，中山先生繼續在美募款，沒法做實際領導工作。而此時長江流域各地同志受廣州"三·二九"之役的刺激，愛國之情更昂，躍躍欲試，但苦無領導中心，黨人陳其美、宋教仁、譚人鳳鑒此立刻召開成立大會。

同盟會中部總會成立後，又在各省（湖北、湖南、安徽、江蘇、四川）設立分

孫中山贈居正先生墨寶

會，派任分會負責人，而湖北分會則由居正負責。居正身兼共進會主要幹部，同盟會中部總會，及香港統籌部湖北負責人三重身份，立刻加緊進行湖北地區的革命活動，因同志們都擬定湖北為發難地區，便共同精心策劃革命起義方略。此章探討居正革命活動中二三事，洞觀其對革命的熱忱，與建立民國的殷切。

居正實際從事湖北地區的革命運動是在宣統三年（1911）上元節之後，距離武昌起義差不多八個月時間。他的革命的親身經歷都記載在他的《梅川譜偈》裏，這本居正傳記，亦可視為開國信史，其歷史性價值絕非一般歷史著作所能比較的 [18]。

在居正回到湖北主導革命活動時，湖北當時的革命勢力分屬於文學社及共進黨。文學社是湖北地方性革命團體，成員多半是士兵及下級軍官，遍佈各標營，組織嚴密，在軍中勢力甚大。共進會的革命動力來自

---

18 "居正史料輯介" 郭芳美作。刊於《近代中國》第十一期。民國六十八年（1979）：頁 99－101。

海外，最初基本黨員是革命黨黨員，後來擴大到知識分子、學生、士兵等等。接觸面很廣泛，活動的範圍是全國性的，但組織上比較散漫。起初這兩團體各自發展，後因爭相吸引同志和爭地盤，發生歧見。此時居正在湖北的主要工作是團結革命力量，所以如何促使文學社與共進會團結起來，便成了當務之急。

在 1911 年 7 月居正和同志楊立如赴上海購買手槍的前夕，居正再三強調湖北革命團體必須團結一致，他們到上海才好講話，經多人勸說，雙方始同意再舉行聯合會議。於是 7 月 22 日晚，兩邊代表在雄楚樓十號舉行聯席會議。事前共進會幹部居正、劉公、孫武都同意將軍事指揮權交給文學社，而政務由共進會負責處理。會中，孫武提議兩團體切實合作，即刻發動革命戰爭，劉復基同志建議把二團體的名義取消，以武昌革命黨人的身份向滿清宣戰。此時，劉公當眾宣佈取消其湖北大都督頭銜，而蔣翊武、王憲章也表示願意放棄其文學社正、副社長的名義。楊玉如則以革命不可群龍無首，必須選出主帥，統一運作，以免臨時忙亂，大家都表示贊成。可是居正、劉公、孫武及蔣翊武都相互謙讓，推舉沒有結果。最後，居正提議說："各同志如此謙虛，不爭權位，比起太平天國時洪楊諸王相殘，進步得多，這真是我們革命的好現象！但事權仍須統一，組織要有重心，我們可否向中部同盟會總部找黃克強、宋教仁、譚人鳳等來幫忙我們主持，主導位置由他們來了再說，如何？"大家都表示贊成，由此可見，當時革命黨人純粹是抱着救國救民之心，並無爭權奪利，掌握政治的野心。會議之後，湖北各革命團體得居正等人聯絡奔走，事實上已直接隸屬於同盟會中部總會之下，歸於統一。

湖北革命黨人對革命滿腔熱血，但經費為革命的大動脈。湖北因地理原因，與外界，尤其海外，聯繫困難，籌措不易。文學社的經費是靠社員捐獻，每月繳薪水的十分之一。而共進黨的經費全由幹部個人自籌。文學社還算有固定收入，共進黨則時有時無，收入微乎其微，革命活動幾乎因此停頓。

在這種經濟如此困難的時期，有一樁關於革命黨人想盡辦法籌措經費的感人故事，值得一提。

關於當時經費困窘的情形，居正憶述："時鄧玉麟、孫武典質已盡，僅餘藍布長衫一襲，誰外出，誰服之矣。"為了克服經濟困難，居正忽然想到老家廣濟縣洗馬坂達成廟內供有金菩薩一座，居正獻計如能盜之熔解出售，當可使革命經費十分充分。商議結果，由居正、焦達峯等分別於三月二十八日和五月五日前往行竊，但皆因廟僧戒備嚴密，無從下手。六月，兩湖地區革命運動已臻成熟，需款更急。於是作第三次盜金菩薩之舉，居正乃典當衣物籌備行資，與焦達峯及會中強壯者八人，買舟前往，果然將金菩薩盜出廟外，但因天色已亮，不得不棄之而逃，仍是功敗垂成，但勇氣與真誠可嘉。

居正開始參與武漢戰局是在武昌起義前的一個多月。8 月 23 日他謁見加入革命的清廷武官黎元洪，當時革命軍已決定推選黎元洪出任都督。黎本非革命黨人，對民主主義並無深刻認識，又因久任清廷軍職，多少仍在觀望。革命黨人見黎元洪猶疑之態，恐其誤事。居正為此停留武漢，參加軍政府決策，權衡局勢，精心策劃，對武漢危局之穩定頗有貢獻，同時蔡濟民提議組織謀略處，共同處理緊急事務，議定軍政府暫設參謀、軍務、政務、外交等四部。

清廷方面聞及武昌起義爆發，立即派陸軍部大臣蔭昌率兵沿京漢鐵路南下，而張彪所率馬隊分佈劉家廟及漢口大智門一帶。在此緊急關頭，歸順革命軍的都督府參謀長張景良突然抱着黎元洪痛哭，欲劫黎叛離革命。居正以事機緊迫，乃靈機一轉，與謀略處商議設置祭壇場，準備禮儀，請黎元洪登台誓師，祭告黃帝，宣誓願負復興討虜責任，使其與清斷絕關係，安心謀劃國事。

25 日，都督府集合各軍於閱馬場，黎元洪以威武軍裝騎馬出場，眼

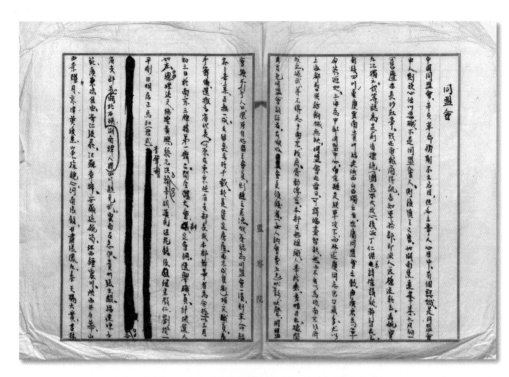

同盟會

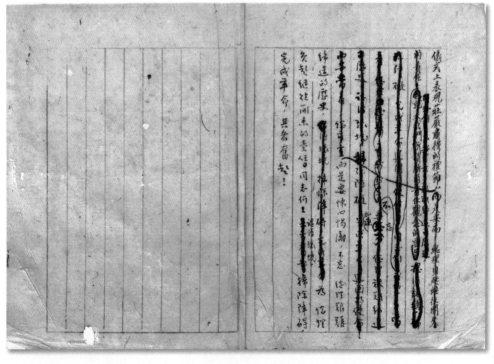

《居正手稿·同盟會》

見場面壯觀，人心熱烈，革命氣氛壯烈不可擋。加上居正登壇演説："同盟會革命之精神及創立民國之意義"更是慷慨激昂，軍民歡聲雷動，黎才下定決心，與清廷對抗。而革命黨人與黎之間，亦因此融洽無間，武昌革命的局勢已臻成熟。

居正除了於都督府擔任顧問，協助黎決疑定策之外，並實際參加戰役。9月6日居正奉黎命以餉械接濟清反正的馬毓寶。當時因馮國璋沿京漢路反攻來勢猛烈，仍自行渡江至漢口，登漢口水塔觀戰，時總指揮姜明查防離去，革命軍陣線零亂，居正乃義不容辭，率衛兵八人，上前督戰，手執紅旗指揮各軍反攻，克服大智門車站，並反擊至劉家廟，戰至日午，因後援不繼而返大智門。正集合士兵鼓舞士氣時，一彈掠其頭部，昏倒於地，戰地民眾將其營救，稍後甦醒，仍掙扎欲前往殺敵。居正或奮勇殺敵，激勵士氣；或折衝於各軍事領袖間，連絡協調，使意見歸趨一致 [19]。凡此種種，對武昌當時危急局勢的穩定，最後10月10日的武昌起義完全勝利，及籌建臨時政府，以立中華民國國基，其功不可沒！

居正是位才子，他的生平著作都包括在《居正史料輯介》裏，他對辛亥革命的前因後果有很清晰的報導，在此容讀者研究觀賞。

---

19 "居正與武昌革命"郭芳美作。刊於《中華學報》第六卷，第二期。頁 153－168。

辛亥首義之前因後果　　　居正

三十五年前，當武昌開爆化的滿清政府統治之下的武漢三鎮，那時爆開出了一朵燦爛的革命之花，這一朵花的根蒂堅實，枝葉茂盛，時至今日，猶自鮮艷奪目，五彩繽紛，由此，我們回想到這一朵燦爛的革命之花，在當初播下種子時，該是如何的辛勤慘澹，當其培養灌溉時，又是如何應得宜，續生出後來這一段花果同時的辛亥首義壯舉，事後思維，絕非一件僅有希求而可以成之事。

我們把往古今來的中外歷史翻開一遍，一定可以發見歷史上只有一種方法，可以使人類得到安全，得到保障，得到和平，得到思想言論和信仰的自由。這個方法，就是天下為公之一大要義。在辛亥革命首義之前，革命黨中同志，上承明末一般遺老如顧亭林黃梨洲王夫之輩之曲蘗的民族思想，中經太平天國以武力推毀滿清之英勇懷志，終受國父中山先生暨諸先烈的領導，排萬難，作殊死戰，以「天下為公」的這一信念，於是中國人奮始瞭然如氏族不平等，中國將永無有翻身之日，政權不公開，人民不會有安全保障的遠景，至若經濟不均，雖為後來民生主義發揚的遠源，但在當時那「不患寡而患不均」的情緒，亦已早表現於革命同志的心目中，不可遏止，要就所謂民生二字，在當時固不覺得怎麼，在今日看來，真是一種奇蹟，我們選前的略起一些首義附的往事，如一禮之中有懷代表，一營之中有營代表，班有班代表，隊有隊代表，而這些代表是怎樣產生的呢？可以就一律採用「民主方式」

每一個單位的推選方式，皆經通每個單位的推選方式，公眾推選，到代表被推選出來，莫不互相謙讓，甚且有謙讓的代表，怕自己的力量不能勝任，預先的定同志共同合作的，不但沒有戰爭情事發生，而且還懷推讓，如兄如弟，此類「民生精神」，在當時同志中亦許有未覺到的，可是那種公忠大義的氣概，則是盡情顯露，這不是一種奇蹟嗎？天下為公之一大義，就緊深深貫注於革命同志的內心底裏，為幾亳假借之逆，所以臨到首義那一天，個個奮勇爭先，沒有一人畏葸退避，因之一翻驚天動地的事業，終於於成，這真是一種明確的信念驅使之效，豈有他哉，使天下為公的方法，振其要衍為政治，便是「民主共和」，亦即國全民政治，惜乎辛亥革命以後，這個民主式的鬥爭，愈演愈窮，愈演愈亂，國民黨犧牲了不

少頭顱，越幾血，奮力以赴，始終把握着光明的前途，不稍退步，故得有今日這個建圓於危難之中的成就。

辛亥首義之前因大致如此，正有待於精獨究成的，我們可以簡捷的統一句，革命究竟怎成呢？我現實的中國政治，是國民黨一黨專政的政治，亦即國黨民黨自籍的訓政時期的政治，這種政治的形成，自非偶然，我們打開近六十年的中國史一看，便可知道，近六十年的中國史，是一部國民黨興滿清政府，北洋軍閥國主義的奮鬥史。中國人民在這一世紀內，外有國際帝國主義的摧殘，北洋軍閥的俊器，所受的痛苦，幾非世界任何民族所可治，幸與國民黨領導全國人民奮鬥，滿清政府不會推翻撤，倘與國民黨領導全國人民奮鬥，國際帝國主君主政治不會終了，軍閥紛爭局面而不會結束，國際帝國主

■《居正手稿・辛亥首義之前因後果》(1)

義不會銷除，國家獨立自由永久不能實現，人民痛苦也就永久不能解除，今日國民黨與國民政府，中華民國構成了三位一體，即是辛亥首義最後的一類成果，歷史事實如此，雖也不能否認。但國民黨對國家對人民的貢獻，不僅及於鏟除障礙，消弭禍患為止，但他於創立中華民國與國民政府之外，還要訓練人民行使政權，實施憲政，因為國民黨建國的程序有三：一為軍政，推翻滿清專制等工作屬之，一為訓政，國民政府成立以後的工作屬之，一為憲政，目前正在積極推行的就是實施憲政以前準備工作，憲政施行以後，國民黨還政於民，至此國民黨的建國大業才告完成。如果說，辛亥首義是因，那末今日的建國大業就是果。這種因果關鎖，非可以假借得來的。國民黨自近六十年來的奮鬥歷史看，而其能

有此煊赫的成就，一面因為同志有明確的信念，而另一面則為總裁賢明的詔示有以致之，現在建國大業急待完成，環境的障礙，所在多有，此時本黨同志應本歷來的奮鬥精神，及總裁領導，始終不懈，完成使命，我們環顧當前，荊棘滿目，足以維往開來促乒亂於和平者約有三事：（一）弘揚革命精神，精神為成功的泉源，與精神則興事功，這是必然的，本黨由於有一貫的革命精神，掃除軍閥，方始達到今日這個治平的階段，假使建國的事業稍有差誤，皆本黨同志責任有未盡到，所謂一失不復，唯吾之責，我們要達成建國的任務，祇因勵於磐石之安，故弘揚革命精神為第一義：（二）保持人類正義，現在戰爭進入原子時代，一切已使人類為之震懾，和平的維

護，變成了全世界一致的要求，但是人類再不能重蹈錯誤，凡有戰爭的殷鑑，數千年戰爭史的悲慘，一步走錯，人類便將萬劫不復，和平，人類是一致仰望着祈求和平，然而過去的因素人心地不斜正，人與人的關係不改善，一切努力依然會受成績效，遠此世界戰爭終必不改，就是歷史上全世界一個單元戰爭，既然正義必然戰勝了預謀已再經但願願正義的國家不要再走上強權侵客的途徑，人類已再不起戰禍了。為中國固有的文化，國父實說之惟有正義可以克復一切，我們為人類和平，為中國主義的模倡這一種正義感。（三）實徹三民主義和憲法權威；提到憲法，國父六十年來革命流血，建國的最後程序，就是建成一個民治民享真正的民主中國，召開國民大會，制定憲法，再根據憲法，選舉政府，由國民政府授政於民

民選的政府，來完成其結束訓政還政於民的步驟，雖從民國十七年北伐告成以還，內憂外患，依然接踵而來，國民政府不得不以全力爭取國家獨立民族自由，無法完成上述建國的最後步驟，但其急欲結束訓政還政於民的決心，則始終未嘗有動搖，現在距召開國民大會制頒憲法的時期不遠，我們必繼續以往的革命精神，貫徹此一志願，使一切三民主義的憲法，有盡善盡美，更使憲法實施時能盡量發揮其功用與權威，然後不致貽句紙墨字之譏，而本黨建國大業的使命，才可告完成，以上三點，即本黨同志今後維續努力的三大目標，無比重要。

綜上所述，辛亥首義之前因後果，彰彰在目，我們分日着到這一朵燦爛的革命之花，雖經過了三十五年之久的光陰，猶依然鮮艷奪目，五色繽紛，我們要護持她長年永

久，仍須要加工培養，隨時灌溉，自然會與日俱新。

■《居正手稿·辛亥首義之前因後果》(3)

7 威爾遜總統檔案及美國外交文件分析

作者因為在華府政治圈工作三十多年，對於國會及美國行政、立法、司法各政府單位的性能及工作範圍都有相當理解。也因為美國外交政策是我們華府居民（Washingtonians）每天談論的話題。再加上原始的檔案隨手觸及，所以研究美國總統檔案，可謂得天獨厚。

■ 威爾遜總統

除了在美國國會圖書館的手稿部（Manuscript Division）找到珍貴歷史明證外，作者也廣覽關於研究中美外交的書籍，其中以外交家、學者出生的關中先生所著《意識形態和美國外交政策》與我多年在華府工作對美國外交政策的認識有許多認同的地方。而關先生對傑弗遜總統（Thomas Jefferson）及威爾遜總統（Woodrow Wilson）政論觀察是十分正確的。

這兩位總統都認為"美國有一道德上的義務，即是作為一位楷模來讓其他國家學習。由於美國的動機良善，所以無論美國怎麼做，都是符合其他國家利益的。這種對世界和人類的使命感在美國歷史上一直延續下來。" [20]

從一些研究基督教教義的思想的書籍裏，求證了兩種不同的思想。一個是所有的人都可能與上帝溝通，另一個則是只有一部分的人可以與上帝溝通。美國早期的移民自認是"上帝的選民"（God's chosen

20 《意識形態和美國外交政策》關中著。台北：台灣商務印書館，2005。頁 9－197.

people），是被上帝派到美洲新大陸來建立一個新國家和一個模範的政府。所以，美國負有"替天行道"的救世使命。

美國這種救世使命感隨着美國的成長強大而日益增進。十九世紀中葉，史壯（Josiah Strong）牧師說希伯來（Hebrews）精神上的成就，希臘人知識上的成就，羅馬人體能上的成就，如今在人類歷史上第一次由美國人共同擁有，形成新時代最高的文明。布萊克本（Alexander Blackburn）牧師又說美國是"正義的帝國主義"（the imperialism of righteousness）[21]。到了威爾遜總統時代，他說："美國是世界上唯一有理想的國家……美國人民的心是純潔的，是真誠的，美國是歷史上最偉大的理想力量。"就因為威爾遜有這種"美國有完成其天命和拯救世界無限的特權"的想法，所以不管歐洲各國的遲疑，甚至反對，率先以正義之聲在 1913 年 4 月 6 日宣佈中華民國是一個獨立自主的國家。在他寫給當時為中華民國總統的袁世凱的電報中說："美國政府與人民，在充滿同情的眼光下看着中國人民排除萬難，鍥而不捨追求一個承擔一切職務與主權的獨立自主的國家。此刻，中國新成立的國民大會代表，在全國人民的仰慕與期待下，作出最殷切的保證這政府將不負人民的期許，去履行人民賦予他們的職權與任務。我本人代表我的政府及人民，向新中國表示歡迎之意，歡迎她進入'國際家庭'（family of nations）。同時我有信心這個新中國將會造就完美的民主政府，達成最高程度的發展與福祉，及在國民大會成立的新的制度下，這新政府就如當時臨時政府一樣，要履行對人民承諾的所有的任務。"[22]

當威爾遜總統歡迎中華民國進入這"國際家庭"的同時，除了荷蘭（4

21　"*The New Era or the Coming Kingdom*"（《新紀元或是未來的王國》）*by Josiah Strong. New York: Baker & Taylor*，1893. p.p.71，354。

22　"Foreign Relations of the United States"（美國外交網路資料庫）Online Database. File No. 893.00/1598a.

月 11 日），西班牙（4 月 17 日）相繼跟進承認外 [23]，歐洲其他各國對於威爾遜承認中華民國是主權獨立國家宣言的反應都是非常淡漠，採取觀望姿態，甚至站在反對的立場。

英國大使在 4 月 2 日收到美國國務院承認中華民國的宣言，4 月 7 日英國大使回覆如下 [24]：“英國國王陛下指示我告知閣下，他對於承認該政府的一貫看法與條件，而這些條件美國政府已早有獲悉。那就是：（1）列國對此事之行動應該一致。（2）承認該政府的交換條件是正式保證英國人在華得到種種的特權，而這些特權是在中英條約中及已成立的慣例裏。”

英大使自己的提議是他的政府認為美國承認中華民國最好延到該政府已穩定地成立，而社會的治安得到保障。如此做會對中國本身更為有利。總之，英國不會與列國交換意見之前作任何表態。而美國要求的期間內更不可能。

丹麥的大使寫給美國務卿的公函裏說：“丹麥外交部長致電給我表示未能加入美總統提議承認該國，十分遺憾。” [25]

奧地利大使 8 日寫給美國務卿的公函裏說：“我政府感謝您閣下的來函，但我們不認為中國設立一個國會就有被承認的充分理由。請讓我國保留自己的意見。” [26]

意大利外交部 8 日寫給美國務卿的公函裏提起該國於 1912 年 8 月 5 日表示：“從社會情況看來，新政府還未達到穩定的情況，目前意大利政府仍然覺得承認該政府是言之過早。” [27]

---

23 “*Papers Relating to the Foreign Relations of the United States*”（《美國外交公文檔案》）。Washington：Government Printing Office，1920。p.p. 96－97，p. 111，p. 112，p.114。

24 “Foreign Relations of the United States”（美國外交網路資料庫）Online Database. File No. 893.00/1667.

25 Ibid. File No. 893.00/1603.

26 Ibid. File No. 893.00/1606.

27 Ibid. File No. 893.00/1605.

　　法國大使於 9 日回給美國務卿的公函表示："感謝美政府邀請法國加入承認中華民國的善意。雖然法國祈望中國國人得到安寧與幸福，但承認其為主權獨立的國家仍言之過早。因為社會尚未穩定，而臨時政府尚未被人民認可。雖然國民代表大會已召集，但仍需努力去營造一個有規模的政府。因此我政府認為讓目前的中華民國政府的國際地位仍然維持原來的狀況。"[28]

　　威爾遜總統單獨承認中華民國的決策，是刻意要幫助這亞洲第一個民國快快獨立成長。他的對華政策明顯地比以往的麥肯利總統、老羅斯福總統及塔夫脫總統更有助於中國。這些總統的對華政策多半是靠中國去謀取美國在亞洲的影響力，雖然在道義上，也替中國做了些事情，卻不像威爾遜真正為中國人追求自由民主在國際上為中華民國爭取一席之地位。

　　直到 1913 年 10 月 7 日美國接到中華民國外交部的通知，如下國家已一一承認其主權獨立自主的正當性，承認國家包括：瑞典、西班牙、比利時、俄國、丹麥、法國、葡萄牙、日本、荷蘭、英國、奧地利、匈牙利、意

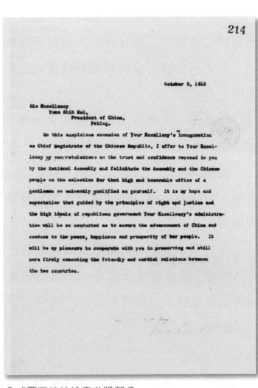

■ 威爾遜總統給袁世凱賀函

28　Ibid. File No. 893.00/1613.

大利及德國。而千萬革命志士等待的這一天，終於來臨了。雖然奔走多年，革命狂瀾中流砥柱的孫中山，當時沒有被國際予以應得的禮遇，但威爾遜總統及所有了解中國近代歷史的人都明白，孫中山放棄總統位置是為了穩定中華民國成立。現在中華民國終於被承認了。而孫中山先生的永恆性是不能令人忘懷的。

威爾遜總統在 1913 年 10 月 9 日向袁世凱總統致賀函，期許他以民權、公正及崇高的共和政府理想去為中國人民爭取康寧，快樂與昌盛 [29]。

威爾遜曾說：＂我們以自由和正義來拯救世界。＂他深覺扶助中國成為亞洲人自己選擇的自由民主的國家深以為豪。所以連宣佈中華民國被各國承認的中國新聞社（China Press）也都收到他的賀電。可見他對中華民國的被國際承認多麼重視。

辛亥革命後，列強要求國民政府先承諾償還清朝的外債，才承認它。美國此時已是世界第一強國，據美國學者里德的研究，雖然美國駐華公使支持清政府，但國務院收到潮水般的信件和電報，要求美國儘快承認中華

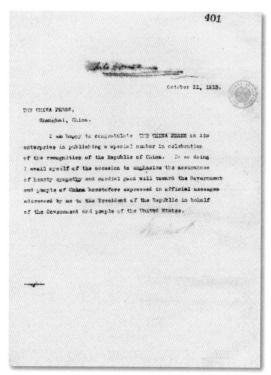

■ 威爾遜總統給中國新聞社賀電

29 "The Messages and Papers of Woodrow Wilson"。Edited by Albert Shaw。New York：Review of Reviews，1924。Vol. 2，p. 777。

民國，支持中國人走民主道路。結果威爾遜總統在民意推動下要政府率先承認了中華民國，其他列強被迫跟進。

　　為了使讀者對於當時美國承認中華民國的史實，及後來因美大力推動其他各國如何跟進的過程有一個明確的了解，現附上列入 "Papers Relating to the Foreign Relations of the United States"（美國外交公文檔案）內美國駐中國大使卡爾罕（W. J. Calhoun）的 "中國近狀報告"；及美國務卿諾斯（P. C. Knox）呈遞給參議院外交會議主席參議員可林（Cullom）的《承認中華民國政府備忘錄》等等公文，以供參考 [30]。

30　"Papers Relating to the Foreign Relations of the United States"《美國外交公文檔案》。Washington：Government Printing Office，1920。p.p. 82－137。

附

國會圖書館藏美國外交公文檔案選譯
（1911－1913 中華民國）

簡 目

• 政治事務 [31]

No.1

文件號：893.00/1505

美國駐華公使致國務卿
［摘錄］

第 671 號

美國公使館

北京，1912 年 11 月 12 日

閣下：

我有幸向您彙報，從表面上看，這裏的政治形勢正在逐步改善。雖然其改善程度遠未達到理想狀態，亦看不到將來有更大的希望，但是從整體上看，政治氛圍要比幾個月前要好一些。

這種改善很大程度體現在袁世凱正在緩慢而有序地逐步控制了這個國家。……普遍認為，所有關於未來的希冀都繫於袁世凱一人身上。不幸的是，他將會迅速衰老，大家經常擔心他身體可能會垮掉，人們想知道這種不幸發生的話將出現甚麼情況，因為目前沒有一個人可以取代他的位置。……

也許可以說上面我提到的改善，在很大程度上是表面上的。因為這裏沒有進行或完成任何一項具有重要意義的建設性工作。中央政府與地

31　上接 *Papers relating to the foreign relations of the United States with the annual message of the president transmitted to Congress December 3, 1912,* pp. 46－86. —— 原註。

方政府關係這一最根本的問題還懸而未決。……這一重要問題可能只有在憲法生效後才能解決。……

我認為最緊迫的問題仍然是如何穩固新秩序。無論人們了解多少，中國人已經將共和作為一個既定事實而接受了。我曾一度擔心在即將到來的大選中將爆發一場南北雙方對政權控制的爭奪，所有的問題必將由此引起。但是，現在反對袁世凱的勢力很大程度上已經消失了，至少他暫時被視作可接受的領袖。除了少數地區有罕見的洪水外，今年的莊稼整體長勢良好。這一情況極大地促進了形勢的發展，給人民帶來了慰藉和信心；這種信心來自於這樣一種邏輯：喜人的收成說明廢除皇帝畢竟沒有招致上天太大的不滿。因此，這將使人民從宗教和政治兩重角度接受新秩序並視之為理所當然。

大總統所遇到的棘手、微妙又危險的困難是如何消除那些獨立的都督或各省執政以及擁有所有民事權力的軍閥。只有兩種解決方法，一種是大總統依靠武裝部隊與這些人戰鬥，這無疑會引起內戰；另一種方法是大總統利用金錢來收買他們。顯然，大總統認為第二種解決方法是最簡單並且最劃算的。

這並不意味着除了上述特殊的目的外，政府沒有合理的或其他的金錢需求。遣散軍隊是主要的支出項目，此外還有支付賠款和債務的欠款以及維持政府正常運轉的開支，這些都需要尋得借款以支撐國家度過困難時期，直到被破壞的國家恢復正常。如果沒有可觀的財政支持，可以說新政府無以自立。每個人都在置疑目前這種狀態會持續多久，從本質上看，這種不確定不會持續太久。如果袁世凱得不到支持，他將倒台，這必然導致無政府狀態和外國武裝干涉，所有複雜而不幸的結果也將緊隨而至。

此致

卡爾罕（W. J. Calhoun）

No.2

文件號：No.893.10/1529a

國務卿致參議院對外關係委員會主席

國務院

華盛頓，1913 年 2 月 4 日

敬愛的可林參議員：

關於您今天早上與亨廷頓・威爾遜先生的談話，我有幸地在這封寫給您的私人信件後附加一份備忘錄。我相信這份備忘錄將會向您提供您所關心的有關承認中國問題的相關資訊。

諾斯（P. C. Knox）

附件

關於承認"中國共和政府"的備忘錄

1 月 2 日培根參議員提出的要求儘快承認"中國共和政府"的聯合決議案（S. J. R 146），牽涉到現實、法律和政策等重要問題。

決議案要求：

鑒於中國人已經宣佈其自治之權力，且為此推翻了王朝統治秩序並自己謀求建立一個代議制共和政府：

鑒於在他們目前的共和政府建立後，隨着時間的推移，該政府已就其是否可以長期並穩定存續，經給出了令人滿意的證明：因此，決議如下：當前的共和政府應當得到美國政府的承認，在同美國政府的往來交流中，有權享有屬於它的涉及到有關獨立、擁有主權的國家和政府的一切全權和特權。

這一決議案基於目前的中國政府是"代議制的"、"長久的"和"穩定的"這一假設，但是國務院，無論從其內部的代表還是從在華有重大利益的其他國家政府所獲得的資訊，都表明，即使這個政府在原則上或是共和的，但是它目前既不是真正的代議制，也不是"長久的"，其穩定更是一個懸而未解的問題。

一、現狀

中國現在的政府僅僅作為一個臨時政府被人們所接受，其任務只是在隨後具有代表性的制憲大會召開前代理國事，制憲會議的目的是確定永久憲法和政府組織結構，而這些將作為民眾意願的真實表達而被接受。

現存的中國臨時政府其發展和特性可以簡述如下：

起初，在騷亂之中，長江流域和南部各省革命軍人領袖們在南京建立了一個政府性質的委員會作為指揮部，並在這座城市召集了他們的特別代表會議[32]。(1911 年) 12 月 29 日，這個代表會議一致選舉孫中山為中華民國臨時大總統，孫於新年 (1912 年 1 月 1 日) 這一天，在南京宣誓就職。(1912 年) 2 月 12 日，清帝遜位給共和政府，並同時授予袁世凱全權組建這一政府。三天後，南京的代表會議一致選舉袁世凱為臨時大總統；並於 3 月 10 日袁世凱在北京就職的當天，接受了孫中山和及其內閣的辭呈。

2 月 13 日，美國駐北京公使正式通知中方，美國駐中國公使將在"臨時外交代表"的名義下繼續履行其職權。

3 月 10 日，袁世凱就職那一天，在事先徵得北京當局同意的情況

32　各省代表聯合會：武昌起義爆發後，11 月 9 日，湖北省都督府通電各省，請派全權代表，赴鄂組織臨時政府。11 月 15 日，於上海成立"各省都督府代表聯合會"，後稱之為"漢口各省代表聯合會"。12 月 2 日，南京光復。鑒於南京的重要性，會議遂議決臨時政府設於南京，各代表七日內齊集南京，有十省以上代表報到，即召開臨時大總統選舉會。12 月 29 日，孫中山正式當選為臨時大總統。1912 年 1 月 28 日上午，臨時參議院於南京勸業場正式開幕，至此，各省代表聯合會任務完成，自行解散。——譯者註。

下，南京國民大會 [33] 接受了一個臨時憲法（即《臨時約法》），其中規定自其發佈 10 個月內由臨時大總統召集全國性代表會議以制定永久憲法並選舉大總統，建立常態的憲法政府。同時，國事的處置權交予參議院、臨時大總統和他的內閣。

南京國民大會代表四億中國民眾行使自由權利，它的組成和特徵可以從通過從官方渠道得到的一份備忘錄看出，該備忘錄是基於南京政府一位官員提供的資訊撰寫。這份撰寫於 1912 年 3 月 19 日的備忘錄顯示，大會的代表為 34 人，各省和藩國的代表人數如下：

省份名稱	出席人數	省份名稱	出席人數
貴　州	2	四川	3
江　西	3	福建	3
廣　東	3	廣西	3
浙　江	2	河南	1
直　隸	1	安徽	3
湖　南	3	陝西	2
山　西	1	奉天	1
雲　南	1	山東	2
湖　北	0	江蘇	0
新　疆	0	吉林	0
黑龍江	0	內蒙古	0
外蒙古	0	青海	0
西　藏	0		
總計			34

湖北和江蘇起初各自派了 3 位代表，但全部辭職了。山西本來指派了 3 位代表。一位沒有出席，另一位辭職了。陝西本來指派了 3 位代表，但只有兩位在南京被報導過。浙江本來也已指派了 3 位代表，但是 1 位

33　臨時參議院。——譯者註。

辭了職。沒有任何一位代表是由各省人民正規選舉產生的 [34]。有些更像是自封的，有些是由省議會選舉，有些是由"都督"或軍事統治者任命的。備忘錄還加了一句：

"議會貌似自視莊嚴，但很難說具有真正的代表性質。"

5月初，在以袁為首的聯合政府組建後，國務院電告駐北京公使館，要求他們依據公使館之判斷並參考最近我們領事的報告，迅速彙報中國對各國依據國際法對其承認所提出條件的反應程度，這其中特別要注意那些臨時政府仍然無法滿足的要求。國務院於5月7日收到了答覆電文 [35]。

(去年)7月，國務院通電 [36] 主要在華有重要利益的國家，詢問他們，根據他們從其自己代表所獲得的關於中國現狀的報告，對於是否承認中國現政府所持態度。各國政府一致回覆 [37]：根據他們的報告，除非中國政府對其長期穩定所作之保證更有希望實現，以及其自身為得到授權表達人民意願的國會所認可，他們不認為有理由考慮正式承認目前的政府。

7月，由於總理唐紹儀突然辭職而引起的內閣危急期間，袁大總統在其簽署的一份公告裏宣佈，共和國還未建立，其基礎尚不可靠，很難經受得住任何政治風暴。情勢如此危急，以至於只有通過武力，袁世凱組建的新內閣才得到參議院的確認。

在過去的幾個月中，局勢雖然逐步改善，但是，除了選舉或將在2、3月份召開的新國會成員的工作繼續進行外，整體局勢沒有實質性的改

34　原文為斜體。——譯者註。

35　參見 *Papers relating to the foreign relations of the United States with the annual message of the president transmitted to Congress December 3, 1912*, p. 78. ——原註。

36　參見 *Papers relating to the foreign relations of the United States with the annual message of the president transmitted to Congress December 3, 1912*, p. 81. ——原註。

37　參見, *Papers relating to the foreign relations of the United States with the annual message of the president transmitted to Congress December 3, 1912*, pp. 82 − 85. ——原註。

變。雖然臨時約法要求新國會的召開不得晚於 1 月 10 日，但是根據北京最新的官方通告，其會期仍然沒有最終確定。

基於這些情況，總統在年度諮文中 [38] 表示：

在制憲階段，以及國民大會採取明確行動前，作為對公眾意願的表達，以及希望中國建立一個穩定的共和政體並能履行其國際義務，根據前例，美國將在事實上與臨時政府保持全面友好關係。

二、法律問題

在提出該決議案的過程中培根參議員作了如下發言：[39]

幾乎是從本國政府成立以來，承認一個獨立的政府或當一國政府更迭時承認一個政府的穩定性和權威性，此項職權是歸行政機構還是立法機構，就一直在爭論。當我談及"立法機構"時，我應當確切地說是政府的法律創制機構，這其中包括參眾兩院和總統。

一些人曾主張，而且現在依然真誠地主張，這一職權歸政府行政機構所獨享；而同時另一些人則同樣真誠地主張這一職權屬於立法機構。我相信多數人持更為保守的觀點，即：（涉及此類問題的）動議既可由行政部門提出，亦可由立法部門提出，此項動議包含政府立法機構和行政機構——國會和總統——在法律範圍內的聯合行動。在我看來，立法機構有最終的決定權，行政部門在就此類問題採取最終行動前需要徵得國會的默許和認可。但是目前對這個問題的爭論仍沒有終止，我作這一陳述的目的是不致使我的態度被誤解為提議聯合決議。我正式建議此事由參議院對外關係委員會處理。

38　參見 *Papers relating to the foreign relations of the United States with the annual message of the president transmitted to Congress December 3, 1912*, p. XXI，最後一行。—— 原註。

39　*Congressional Record*, Jan. 2, 1913, p. 914. —— 原註。

關於這一問題，或許我們引證摩爾先生的著作就足以證明，其著《國際法摘要》(*International Law Digest*) [40] 在總結了約 170 頁先例的基礎上，得出了如下觀點：

"從先前對新國家、新政府和戰爭狀態的承認問題的考察中，依據每一個案例可以作出一個精確的結論，來說明應如何以及由誰來給予承認。在每一個案例中，正如其所展示的，承認新政府及承認戰爭狀態，應該僅僅由行政機構來決定。〔Vol.1, p243.〕

應該注意到，就中國問題而言，涉及到的問題是承認一個新政府而非一個新國家。

1897 年 1 月，由黑爾先生向參議院提交的名為"關於承認新獨立國家的權力的備忘錄"（參見 Senate Document No.56, Fiftourth Congress, second session）中表述：

"依據憲法條文本身和及其實踐中的一貫性表明，承認一個新的獨立國家的權力屬於行政部門（總統獨自，或總統與參議院），而不是政府的立法機構，即使行政機構也許會適當地事前向立法機構徵詢意見。"

在談及這一問題"承認交戰狀態和新獨立政府的權力就其本身特點而言，而且幾乎毫無例外地屬於行政部門，這一點已被國會的權威所認可"，報告繼續講道：

"國會的默認 —— 如果認為現在的問題是一個全新的問題那就大錯特錯了。自從美國政府成立，圍繞行政機構與立法機構在對外關係事務中的權力分野就一直有爭論。在南美洲革命期間，關於承認新獨立國家的權力歸屬就引起了激烈的爭論，而這一問題又在德克薩斯革命中引起

40　摩爾的書名，應為 *A digest of international law as embodied in diplomatic discussions, treaties and other international agreements* (Washington D.C., USGPO., 1906)。約翰·摩爾（John Bassett Moore，1860–1947），美國國際法權威，海牙國際仲裁法庭成員，美國駐國際法庭首任法官。—— 譯者註。

了關注。無論是立法部門還是行政部門的權威，都強烈反對國會有權干預此類事務。在涉及承認問題的每一個案例中，總統與國會採取一致行動出於明顯的理由：明確的行動有可能將國家捲入戰爭，從而需要國會更多地撥款或在其他方面協助解決已經開啟的爭論。在 1864 年和 1877 年，這個問題也偶爾引起討論。但自門羅總統以來此事再沒有被全面爭論過。

（因為沒有可預見的後果表明有必要諮詢國會）行政機構在沒有諮詢國會意見而承認一個新獨立國家的事例數量巨大。在這些案例中，國會沒有對任何一個提出異議。立法機構在 100 多年的時間中不言而喻地確證承認新政府的權力歸屬行政機構這樣一個觀點；如果這一觀點是正確的，即相同的權力不能為了同一個目的而為政府的兩個不同部門所擁有，那麼就可以終結當前的爭論。

三、政策問題

政策問題涉及如何在承認一事上採用最明智、最有效的方式來保護外國在華利益和中國自身的最佳利益。在這一問題上，如同涉及到中國的其他問題一樣，可取的辦法是各利益攸關國之間協調行動。這並不是一個普通情況。它展示了約佔世界四分之一的人口，要顛覆已成為其宗教信仰式的、作為其 4000 年文明的最高表達的政權形式。

在中國，新的事態環境已經產生，而這不但在國內重建也在對外關係方面引起了許多嚴重和複雜的問題，需要大量的時間和耐心去解決。（人們）必須通過緩慢且長期的努力來建立有序和穩定的政府。因此，這個政府的主要努力在於，盡可能地尋求與其他大國同情與公正的合作，這種合作不僅是對他們自身利益的最佳保護，也有利於對中國福祉的保障。即使這些努力並未使本政府承擔任何義務，並不妨礙我們視為必要和最好的時機對華採取我們自己的歷史性政策，但這裏值得一提的是，去年 7 月我國政府與其他利益相關國政府交換的意見時，大多數國家都認為，只有通過利益攸關國的協調一致行動，才能得到對中國和列強的最好結果。

如果有選舉權的中國國會召開，問題將轉變為本政府是應當在該制憲會議召開之際或中國政府採取共和制之際就以聲明的形式給予承認，還是我們應當等到憲法得到貫徹且新政府依照憲法組建時再行承認。

我們最近的先例——有關葡萄牙事務 ⁴¹ ——支持第一種方案，依據國際法慣例和我國的利益，我們自己的前例普遍傾向儘早承認。

另一方面，非常肯定的是，沒有哪個國家會加入我們的上述承認方式，除了德國或許是個例外。只有當憲法得到貫徹且政府據此完全建立時，英國、法國以及德國也許才會加入到我們的承認行動中，日本和沙俄有可能希望盡可能地拖延一段，在要求獲得對外國通過條約或慣例而獲得的權益得到正式保證後才會承認。

上面所引用的總統諮文對此兩種情況有充分的關注。

因此問題演變成在兩個選擇中選擇其一，一是依據先例迅速承認共和國並由此而為本國政府獲得某種利益，二是堅持我們的合作政策，我們相信這樣的政策迄今為止可最大限度保護中國的利益。

很有可能的是，如果採用第二種方案，我們將能與英國、法國以及德國達成明確的共識，一旦新的中國政府正常建立後，他們將毫不拖延地與我們採取一致行動，在此種情況下日本、俄國也將加入。而如果我們獨立採取第一種方案，非常可能的情況是，英法將會採取觀望態度，直到他們的盟友日俄採取行動，獲致列強的普遍承認對中國極其重要，而這種承認將可能因此被大大拖延。基於對上述內容的理解，除非在 3

41　參見 *Papers relating to the foreign relations of the United States with the annual message of the president transmitted to Congress December 3, 1911*, p. 698. —— 原註。

月 4 日之前行動，否則將引起下一屆政府的尷尬。

第三種可能的選擇是如同諸文中所言，僅僅靜待事態發展，既不宣佈任何形式的初步承認，也不嘗試與其他列強達成共識，如果必要，則將這個問題留給下一屆政府。

如果採取第一種方案，我們必須向迄今為止我們一直與之合作的其他政府充分說明我們的意圖，以使得這些政府一旦作出選擇，可以與我們同時行動。

No.3

文件號：893.00/1548a

代理國務卿致總統

國務院

華盛頓，1913 年 2 月 25 日

敬愛的希爾斯先生：

今早我們在電話中談到布特勒博士要求獲得承認中華民國問題的相關消息，我懇請在此作出如下報告，以全面闡明國務院對此事的態度。

談到對外國政府組織的形式變更予以承認這個問題，自近一個半世紀以來，我國的這一政策已經經受了事實的檢驗，那就是新政權要滿足如下條件，即，其應得到被統治者的認可而且同時承擔與該國有關的一切國際義務。這一政策也成為與尚未決定其最終組織結構的臨時性政府發展實際關係的一種政策。1912 年 2 月 13 日，北京的外交部通知美國公使，中國新政府即將形成，臨時聯合政府已經決定把派駐美國的外交官員改稱為"臨時外交代表"，並在這個臨時的名義下繼續履行其職責。1912 年 2 月 14 日，中國外交總長正式通告本政府遜位的皇帝已經將權力交給袁世凱掌握並授命其建立共和形式的政府，在政府尚未成立之時，中國駐外外交和領事官員繼續履行其職能 [42]。依照既定政策，中國公使迅速被允許可與本政府發展全部關係，美國駐北京公使得到允許繼續其工作。因此，兩國新政府形成前或臨時政府時期事實上擁有全面關係。

臨時政府已經宣佈召開制憲會議以制定一部憲法，如果其結果是使得現存的臨時政府成為被統治者接受的永久性憲法政府，那麼這個政府提出的承認要求，當然應該及時地並充滿同情地予以考慮。同時，正如中國過去那樣，中美兩國之間仍保持着完整的外交交往，美國與這個宣稱自己是依靠皇帝的敕令而臨時存在、最終要建立共和的政府保持着充分的關係。

在總統的國情咨文中已經表達如下立場：

在制憲階段，以及國民大會採取明確行動前，作為對公眾意願的表達，以及希望中國建立一個穩定的共和政體並能履行其國際義務，根據前例，美國將在事實上與臨時政府保持全面友好關係。

其他列強對形勢也持這一態度，目前為止沒有一個政府正式承認了中華民國。在這種情況下，直到國會事實上召開，否則很難採取進一步的行動。

相信以上的陳述包含您所需要的資訊。

致敬

威爾遜（Huntington Wilson）

42　參見 *Papers relating to the foreign relations of the United States with the annual message of the president transmitted to Congress December 3, 1912*, p. 66. —— 原註。

No.4

文件號：811.011W69/3

中國公使致國務卿

中國公使館

華盛頓，1913 年 3 月 4 日

我很榮幸地通知您，我收到一封電報，電文中有中華民國大總統致美國總統的賀詞。我懷着極大喜悦將其英譯本遞交給閣下，也懇請您能將其轉交總統。

致以最崇高敬意

張蔭堂

No.5

文件號：811.011W69/3

國務卿致中國公使

國務院

華盛頓，1913 年 3 月 8 日

閣下：

我有幸收到您 3 月 4 日的照會，其附件中包括中國大總統致本國總統賀詞的英譯本。

我懇請您向袁世凱大總統轉達，威爾遜總統非常感謝他所表達的善意。

布萊恩（W. J. Bryan）

No.6

文件號：893.00/1595

美國臨時代辦致國務卿
［摘錄］

美國公使館

北京，1913 年 3 月 11 日

第 772 號

閣下：我有幸就當前的中國政治形勢作如下彙報：

選舉

最近關於全國眾議員代表的選舉和各省議會的選舉在絕大部分地區平靜地展開。……其中一些地方議會現在已經召開並且開展參議員的選舉。選舉結果有望在幾天內產生而且國會有可能在 4 月中旬召開……

參議院和大總統

參議院，作為一個召集起來的臨時國會，經常阻礙大總統行事。由於已經發現很難保證獲得參議院對其政策的支持，大總統運用各種手段以克服其阻礙。有時他召集領袖並說服他們；有時他通過給予特別的好處以獲得必要的投票。有時軍隊出現在參議院的會議室走廊裏或者將軍們向參議院遞交措辭嚴厲的信件，脅迫其屈從於大總統的意願。然而兩個月來，參議院不可能湊夠法定人數來處理事務。除了三次例外，這三次是因為法案的提交由多數黨支持。

制憲會議

大總統與參議院相互爭執的一個問題是組織憲法委員會的政府法令

問題。《臨時約法》要求永久憲法將由國會產生,而國會尚未召開。因此,
參議院拒絕通過大總統提交的建議。而大總統掌握着憲法起草委員會的
任命權,這與現行憲法並不衝突,國會無論如何都要接替這個委員會的
工作。他的措施作為節約時間的權宜之計。

各省與北京

地域觀念在中國歷來濃郁。愛國心更多地是針對狹小的地域而非全
國性的,而且各省,如同他們在革命期間所為,一個接一個地相繼脫離
北京的控制,不願意放棄其獨立。……要解決這個問題無疑還要花費很
多時間,各省對於其他省和北京政府的警惕一點不次於我國歷史上,國
家建立之初各殖民地彼此之間和對聯邦政府的警惕。

而這一情況又由於各省的軍隊由各自的軍事統治者掌控而越發困
難,這些人是不願意放棄他們現在的權力和利益的。江西的都督或軍事
統治者,就在過去的幾天裏,公然藐視大總統的權威……在陝西也發生
了爭奪統治權的衝突……2 月 4 日,在福建的福州,民事總督剛一抵達
就發生了針對他的刺殺行動。在同一個省,一場叛亂在興化 (Hsing-hua)
地區已經持續了幾個月。……在 2 月初,在武昌反對共和國副總統的陰
謀敗露了……其他同謀在上海和南京被發現……北滿土匪橫行,此外,
青島 (chien-tao) 地區的軍隊在 2 月 6 日發生兵變。……河南劫匪成患而
且當局無法鎮壓他們。去年考慮過拆除城牆的諸多城市現在在維修並加
固城牆。最近在山西西南部爆發了一場嚴重的衝突,根據一位來自河津
(Ho-tsin) 傳教士的信所說,那裏的人們開始厭煩共和並開始剃髮留辮。
與西藏的戰火蔓延到四川西部,在那裏中國軍隊遭受一系列嚴重挫折。
大部分地區放棄了。無序狀態也發生在貴州和山東。

蒙古局勢

而更為嚴峻的形勢在蒙古。……沙俄在訓練蒙古部隊，後者計劃在春季開始時攻擊在內蒙古的中國人定居點……這樣的衝突，如果能夠引得中國人越過邊境，將給沙俄以充分的理由來進攻中國。……

此致

衛理（E. T. Williams）

No.7

文件號：893.00/1612

美國代辦致國務卿
［摘錄］

美國公使館

北京，1913 年 3 月 18 日

第 780 號

閣下：

繼 1913 年 3 月 11 日第 772 號電，我有幸進一步彙報中國的政治形勢如下：

參議院和國會

……參議院已然拒絕批准大總統提出的關於憲法委員會的建議，該計劃已經放棄。主要政黨之間正在就此事進行協商，主張當國會在將來召開時，應當迅速通過兩條憲法條款保證選舉一位永久性的大總統並任命總理和內閣，此後舉行選舉且新政府就職；之後國會進行憲法的草擬工作。

財政問題

通過獲得幾筆小規模借款，政府暫且擺脫了財政尷尬。……另一方面，財政總長報告，形勢有所緩解。他彙報道，眼下的急需已經通過這些小規模借款解決，中央政府向各省的請求也得到了部分資金。然而很明顯的是，政府目前只能勉強糊口度日。

蒙古問題

根據本月 15 日從軍事處得到的消息，蒙古人已經開始襲擊邊境上的中國人聚集地。……

此致

衛理

No.8

文件號：893.00/1607

美國代辦致國務卿
［摘錄］

美國公使館

北京，1913 年 3 月 18 日

第 782 號

閣下：

我有幸提交關於美利堅合眾國承認中華民國可行性的如下觀察。

在最近由公使團提交的中國政治形勢的報告中，時下臨時政府不能令人滿意的情況已經在某種程度上加以闡述了。

必須承認，中國的大眾對共和只有可憐的一點或根本沒有興趣。他們對"共和"一詞的真正含義一無所知。……愛國主義在中國現在已經極為狹隘，頂多也就是一個省的範圍。各省之間的仇視十分強烈。……最近軍隊組織的變動創立了相當可觀的軍隊機構，這些機構為他們各自的省份服務，因此也就同情其同鄉而反對北京政府。由此，幾乎沒有或完全沒有通過武裝鬥爭，一個接一個的省就從帝國分離出來宣佈獨立。滿人的退位使得重組這些省成為一種可能，也宣佈了共和政體。但是，短暫的自治經驗已經喚起了，特別是南部和中部省份，一種強烈的保有其自治權的意願，進而對中央政府權威的警惕也發展出來，這就如同美洲殖民地在我們革命結束時對聯邦政府的態度一樣。因此，目前北京的共和政府幾乎沒有財政收入而且發現當與地方利益衝突時很難行使其權威。……

但是，另一方面，一個明顯的事實就是，民眾雖然對政府的組織形式漠不關心，但也並不抵制新秩序。他們是平靜的人民，而且對於那些看起來能夠通過發展他們國家的自然資源改善民眾生活條件的措施，那些促進通訊的措施和開設學校的措施，他們會很快表現出讚賞與支持。毋庸置疑，假以時日，他們將能夠自我管理。……隨着教育的擴大以及鐵路和汽船航線的延展，相互交流變得更加容易，狹隘的鄉土觀念也正在緩慢消退。而外國人對邊境的入侵大大加速了對國家利益認識的進程。傳教士深入到這個國家最偏遠的角落，隨着傳教士而來的是觀察世界的更廣闊的視野，而且近年來混合了各省份基督徒組成的全國範圍的宗教集會也顯著地助長了這一趨勢。

此外，臨時大總統在協調與各省利益衝突和加強聯盟的過程中已經表現出非凡的技巧。畢竟最近發生在諸多省份中的無序狀態不會比滿人治下經常發生的更糟糕。當意識到發生了這樣巨大的革命，就會驚訝於秩序得到了如此完善的保存。……

考慮到上述因素，對我來說即使是中國最令人洩氣的特徵也不足以推遲對新政府的承認。

在這個國家，沒有一個與政府對立的政團競爭對國家的控制權。滿人也不再反對這一政府。事實上，這一政府的成立是在與滿人的聯合下實現的，遜位的目的就在於避免進一步的國內衝突。該政府已經擁有了中國所有的省和滿洲。外蒙古宣佈獨立在共和國成立之前。西藏對共和國發動叛亂，但西藏經常是自治的，就如同蒙古一樣。雖然在一些地區有拖延和僵局，剛剛在 22 個省中舉行的選舉表明，真正關心政治局勢的大眾支持共和國。但是，即使獨裁政體或者帝國將代替目前政府的假設證明是正確的，那也只是美國已經承認的共和國曾經發生過的事情，沒有甚麼事使我們應該拒絕給予這個為共和而奮鬥的國家來自"共和國之母"的同情和承認。

這樣的承認能夠有助於阻止其復辟帝制。中國人對被西方國家承認的重要性看得更是極為重要。他們已經特別懊惱美國沒有承認他們的新政府。他們自信滿滿地期盼，當國會召開大總統選出後，外國政府將承認共和國。

我相信我們應成為承認中華民國的第一個政府。這將極大地加強現在已經存在的對我國的善意，這也將阻止其他政府在承認問題上提出不公正的條件，而這些條件在過去曾經提出過。英國提出除非中國制定尊重西藏的新協議，否則將不會承認中國。其他國家則提出了其他條件——有的要求重組法院；有的要求放棄厘金；有的要求擴大在條約口岸的外國人的許可權。

我不相信任何優勢是可以通過傷害中國人的自尊和激起中國人的敵意而獲得，我們必須通過與中國人交往來處理重要問題，維護美國的利益。如果國際交往還有甚麼意義，那就是必須相互尊重。

因此，我有幸進言，雖然大國合作已經給中國帶來好處，但如果這一政策繼續要求我們暫緩對共和國的承認，直到所有國家都承認它，我們有可能損害自身的利益而僅僅促進其他國家的侵略計劃。

　　此致

衛理

備註：

　　（1913 年）3 月 24 日國務院收到來自日本使館的備忘錄，其第一段涉及向中國貸款問題，第二段涉及承認中華民國問題，參見 Papers relating to the foreign relations of the United States with the annual message of the president transmitted to Congress December 3, 1913, 第 173－174 頁。

No.9

文件號：893.00/1571

中國外交總長致國務卿
［ 電報 ］

外交部

北京，1913 年 3 月 25 日

　　喜聞閣下就任國務卿一職，為此我向您表示衷心的祝賀和由衷的祝願，祝您個人幸福家庭興旺。我對美利堅合眾國對中華民國所重申的同情和善意表示感謝 [43]。還記得五年前您來訪時和其他場合您個人表達的對

43　這或許是指 3 月 25 日拜訪助理國務卿以及 3 月 19 日送往北京的政策聲明，參見 Papers relating to the foreign relations of the United States with the annual message of the president transmitted to Congress December 3, 1913, pp. 175、170－171. —— 原註。

我國幸福的巨大興趣，我難以抑制自己滿懷信心地期望，一直是真誠的朋友現在又是追求自由的姊妹的中美兩國關係，能夠在您的手上進一步得到加強鞏固，在這一方向上第一步便是您促使威爾遜總統，忠實於美國光榮的傳統，成為將中華民國引入國際大家庭的偉大而高尚的國家的第一代表。

陸徵祥

No.10

文件號：893.00/1585

代理國務卿致總統
［摘錄］

國務院

華盛頓，1913 年 3 月 27 日

敬愛的塔瑪律蒂先生：

我向總統提交一份會談備忘錄以供總統詳閱，此次會談是我今天與巴西使館秘書就承認中國問題而舉行的。

您誠懇的

阿迪（Alvey A. Adee）

［附件］

會談備忘錄，1913 年 3 月 27 日

巴西使館秘書（代表大使）今晨拜訪阿迪先生，表示（巴西）大使先生收到本國電報詢問美國政府是否在要就承認中國的問題上開展行動。

　　阿迪先生表示總統正在就此事進行仔細研究，但在布萊恩先生回來之前不會採取任何進一步的行動。

　　不過從非官方的角度說，阿迪先生補充道，本政府已經與中國的現政府有事實關係。我國在中國的公使與新政府開展業務而且中國公使在此地受到與其他國家的外交代表一樣的待遇。兩國之間的外交關係因此如往常一樣繼續；當然，政府性質的完全承認取決於我們對形勢的判斷，而且現階段總統和國務卿對此事正在考慮。

　　使館秘書向阿迪先生致謝，並表示大使將在一週左右以後就此問題與布萊恩先生交換意見，那時也許可以形成結論。

No.11

文件號：893.00/1571

國務卿致美國代辦
［電報—改寫］

國務院

華盛頓，1913 年 3 月 28 日

　　非正式地告知陸先生我對他祝賀的感謝，並告訴他我國政府正在細緻並充滿同情地考慮承認共和國的問題。

布萊恩

No.12

文件號：893.00/1575

美國代辦致國務卿
[電報—改寫]

美國公使館

北京，1913 年 3 月 28 日

外交總長約見我，來傳達袁世凱大總統希望得到美國即刻承認，而考慮到現存的緊張狀態，我加入我的建議。袁世凱大總統相信這一承認將極大地加強其政府在公眾和稍後召開的國會中的威望。

衛理

No.13

文件號：893.00/1669

第二助理國務卿致國務卿
[備忘錄]

國務卿閣下：

為回覆您的要求，我盡力提出自己關於承認外國政府問題和中國問題的特殊情況的觀點。

我認為，要簡化這一問題就要謹記兩國為了國際商業行為的承認和對某一外國政府組織形式的承認之間的區別。

前一種情況，從美國革命起，美國與外國建立關係就是事實上的，這取決於三個事實條件：對國家行政機器的控制；得到民眾的普遍承認；有能力和意願承擔國際的和傳統的義務。政府的組織形式在這一類承認中從來不是一個條件性因素；換句話說，是否符合法理的問題被放在了一邊，也許因為易受捲入王朝或憲法這類我們無法作出判決的問題，特別是當政府的組織機制發生變更時，從君主制轉向聯邦制，反之亦然。在這種情況下我們大部分的實踐都是認為變化是有效的並且與實際上的當局建立關係。

在政府組織形式發生變更的例子中，美國的政策有一個明顯的階段性演變：比如在巴西的例子中，帝國讓位於臨時共和國政府，再產生了由民選大總統的憲法聯邦共和國。同樣當法蘭西第二帝國覆滅時，法蘭西國防政府繼承了主權，直到制憲會議宣佈共和並選舉了一位大總統才結束其使命。在這些例子中的每個階段，美國往往立即通過我們的外交代表給予通告與其政府建立外交關係。同樣的事情也發生在葡萄牙，當君主政體被革命臨時政府所取代，並最終由憲法大會宣佈葡萄牙共和國成立。

就中國的情況而言，其過去和現在的情況都要比上述兩類問題複雜。在我的請求下米勒先生已經準備了一份聲明，附在此文後，闡明事態發展各階段的情況以及這一過程中我國政府與中國當局的關係。我簡要概述革命爆發引起皇帝遜位，一時間中國在兩個區域出現兩個共和政府。南方各省宣佈中華民國成立，通過革命的國會選舉孫中山為大總統。在北方，清帝遜位，將行政權交給袁世凱，以組建共和政府。孫中山的辭職和南方各省國會接受袁世凱為大總統加速了兩者的合併。隨後，南方國會由於併入參議院而喪失了其獨立憲法制定者角色，而國家的行政控制在一個由臨時約法產生的政府手中。

美國並沒有與南方共和的孫中山建立外交關係。由於被告知袁世凱已經控制權力且中國進入到共和體制的"重組"時期，美國在北京公使館繼續行使外交職能，與袁世凱政府處理事務。中國駐華盛頓公使發佈的通告稱，其所承擔之職責是，作為中國的臨時外交代表處理國際事務，這一通告得到了認可而且從那時起他便與其他國家的使節享有同等待遇。美國駐華公使的地位也沒有改變。雖然尚不正式，但所有兩個主權國家之間的每一項正常國際交往功能都正常運作；雙方已依據慣例禮儀要求並相互遞交了領事許可證書。

自從袁世凱的臨時政府宣佈建立以及駐華盛頓中國外交代表宣佈其頭銜與地位以來，中國的政治體制沒有聲稱發生任何的改變。最近中國公使官方告知，制憲會議將於 1913 年 4 月 8 日召開，從中可以推斷出"重組"階段仍在進行。

我們收到的最新消息來自於衛理代辦在北京 3 月 28 日（也就是今天）發出的電報，傳達了"袁大總統希望獲得美國立即承認的心願。"這從表面上看起來不是要求承認中國的共和為共和體制，倒像是袁世凱希望對他作為大總統的狀態得到迄今為止更加清晰地認可。這一推論可以從衛理先生曾經提到過的"緊張關係"中找到支持，這其中涉及袁世凱與孫中山兩人追隨者之間的活動，這些在遠東司提交的備忘錄中有所提及。

您詢問我對於承認問題的總體看法以及影響中國局勢的特別因素。

對於美國的行動，有幾種承認的方式。

第一種模式也是最經常的就是，駐在國首都的美國外交代表告知他已經接到指示與新政府建立外交關係。這種方法一般還要輔之以同樣的內容通知該國駐華盛頓的公使（如果有一個的話）。

第二種模式，一般為其他國家普遍採用，一個新的外國政府首腦在致總統的信中宣佈他獲得了權威，而總統對這封信表示認可。（據悉，憲法過渡期的墨西哥共和國總統韋爾塔將軍在致喬治五世的信中用了宣佈其權威的風格和頭銜，英王喬治五世即以這種方式表示承認。）

第三種模式，各國也在使用，就是由總統正式接見該國使節，由其呈遞國書。

第四種模式由總統接見繼續存續的外國外交代表機構，以口頭承認其政府的變化。在上述兩種情況下，使節和總統的贊詞足以限定和強調承認實施的範圍。

第五種可用的模式是，由在外國首都的美國特使正式向新政府的首腦遞交總統發出的承認資訊，或遞交美國國會的祝賀決議案，如果國會能通過的話。

第六種模式，在葡萄牙和西班牙的案例中曾運用（還有，我認為在1871 年法蘭西共和國的案例中也用過），就是，在該國召開國會形成新政府組織形式後，由美國使節通過正式宣佈承認而完善對臨時或過渡政府的承認。

您請我就目前中國問題更適宜的承認方式提出建議。不揣冒昧，我的回答是：

1、如果承認的目的是更多地強調中國的現政府在其首腦也就是袁世凱的領導下存在，那麼則可以通過會見中國外交代表委託他把祝賀電轉交袁世凱。雖然這在本身並不是承認中華民國是一個共和國，此點還需要總統在他的回覆信件中來確定，但能進一步確認我們已經承認袁世凱作為負責任的中國政府首腦。

2、然而，如果意圖是有效地承認中國的政府組織形式是共和政體，則可以選擇上述第六種方案，前提是預期在 4 月 8 日召開的國會宣佈實行共和建立其明確的組織形式。為了在這種情況下採取迅速行動，可授權美國駐北京公使團提前根據國會的行動準備一個適當的聲明。這一程式在葡萄牙案例中曾經使用，可以參見 1911 年 6 月 6 日發給駐里斯本公使團的電報指示的附件 44。

---

44 收錄在 *Papers relating to the foreign relations of the United States with the annual message of the president transmitted to Congress December 3, 1911*, p. 1690. —— 原註。

敬上

阿迪

國務院

華盛頓，1913 年 3 月 28 日

[附件]

遠東司關於中國現政府事態發展及特點的備忘錄

在動亂之初，長江流域和南部各省革命軍人領袖們在南京建立了一個政府性質的委員會作為指揮部，並在這座城市召集了他們的特別代表會議，代表共三十四人。1911 年 12 月 29 日，這個代表會議一致選舉孫中山為中華民國臨時大總統，孫於（1912 年 1 月 1 日）新年這一天，在南京宣誓就職 [45]。

1912 年 2 月 12 日，清帝遜位給共和政府，並同時授予袁世凱全權組建這一政府。三天後，南京的代表會議一致選舉袁世凱為臨時大總統（袁此前已經由北京的代表會議選舉為臨時大總統）[46]；並於 3 月 10 日袁世凱在北京就職的當天，接受了孫中山及其內閣的辭呈 [47]。

2 月 13 日，外交總長（Chief of the Ministry of Foreign Affairs）宣佈當下進入臨時聯合政府的籌建期，並正式通知美國駐北京公使，美國駐中國公使將暫在"臨時外交代表"的名義下繼續履行其職權，並要求將此資訊轉至國務院。

45　參見 Papers relating to the foreign relations of the United States with the annual message of the president transmitted to Congress December 3, 1912, p. 60. —— 原註。

46　參見 Papers relating to the foreign relations of the United States with the annual message of the president transmitted to Congress December 3, 1912, p. 66. —— 原註。

47　參見 Papers relating to the foreign relations of the United States with the annual message of the president transmitted to Congress December 3, 1912, p. 74. —— 原註。

3 月 10 日，袁世凱就職那一天，在事先徵得北京議會和其他政府當局同意的情況下，南京國會 [48] 接受了一個臨時憲法 (即《臨時約法》)，其中規定自其發佈 10 個月內由臨時大總統在北京召集全國性代表會議以制定長久憲法並選舉大總統，建立常態的憲法政府。同時，國事的處置權交予參議院 (the Advisory Council)、臨時大總統、國務員、法院。在下面的附件中多次在不同場合提到了共和國大總統。

5 月初，在以袁世凱為首的聯合政府成立後，國務院電告駐北京公使館，要求他們依據公使館之判斷並參考最近我們領事的報告，迅速彙報中國對各國依據國際法對其承認所提出條件的反應程度，這其中特別要注意那些臨時政府仍然無法滿足的要求。國務院於 5 月 7 日收到了答覆電文 [49]：

現在的聯合政府名義上擁有 20 個有軍事統治者統治的省，而這些省對中央政府的服從程度本身還是有問題的。北方和南方的矛盾尚未很好消除，但只有在蒙古、甘肅、新疆和西藏存在有組織的抵抗。新政府得到了有錢人和受教育人的默許但並非誠心的支持，至於大眾的真正願望仍不清楚。因此，不能認為國會 (National Council) 具有代表性。建立政府只是少數人的政治謀略，而非民眾的需要，但是這是目前能看到的唯一政府，對它的承認尤其是列強的一致承認可以增強其對國家的控制。

7 月，國務院通電 [50] 主要在華有重要利益的國家，內容如下：

"機密。美國政府相信各國政府一致認為，一個穩定的中央政府是目前中國的當務之急，而且一旦列強對之給予正式承認將大大有助於加強

48　臨時參議院。——譯者註。

49　參見 *Papers relating to the foreign relations of the United States with the annual message of the president transmitted to Congress December 3, 1912*, p. 78. ——原註。

50　參見 *Papers relating to the foreign relations of the United States with the annual message of the president transmitted to Congress December 3, 1912*, p. 81. ——原註。

現政府的穩定。

臨時政府現在已經基本控制了行政機構，維持了秩序，在民眾的默許下履行其職能。因此，目前要解決的問題是，是否有其他實質性理由進一步拖延承認問題。

各國政府現在是否認為現在的中國政府尚未達到正式給予承認的國家法標準？"

各國政府一致回覆：根據他們的報告，除非中國政府對其長期穩定所作之保證更有希望實現，以及其自身為得到授權表達人民意願的國民大會所認可，他們不認為有理由考慮是否正式承認目前的政府這一問題[51]。

在過去的幾個月裏，情勢沒有任何實質性的變化。雖然多次面臨着財政條件和外交關係困境，整個國家仍然大體保持了秩序。從 1912 年 12 月初起，新國會代表的初選在全國開展，依據大總統訓令，國會將於（1913 年）4 月 8 日召開。

自從新政權就職以來，政府系統已經發生了許多變化。這些變化的影響尚不能充分展現，許多行政改革雖然已適時公佈了但並未實施。中央政府對各省政府的控制並不明確，因此導致了北京政府和各省政府之間的持續衝突和誤解。最具爭議的分歧就在於國家稅務、對外借款、鐵路建設和省級官員任命體系。中央和各省的整個行政系統正處在轉型階段，在國會召開並制定出永久憲法前，還不能指望它形成固定的形式。

可以理解的是，各省的大選使國民黨或市民政黨在永久性議會中獲得了決定性的優勢，該黨由孫中山和唐紹儀領導，是幾個普遍認為是反對袁世凱小黨派的聯盟。袁世凱的政黨是共和黨（Kung Ho Tang），或者

51　參見 *Papers relating to the foreign relations of the United States with the annual message of the president transmitted to Congress December 3, 1912*, pp. 82–86. —— 原註。

説是共和保守黨，其領袖是共和國副總統黎元洪。然而，袁世凱可能將當選大總統，因為各方都認識到，如果市民政府企圖從他們的黨中選舉大總統或驅逐袁世凱，將會引起一系列嚴重的政治麻煩。無論哪一個是多數黨，任何黨派想要成功迫使袁世凱放棄地位都是值得懷疑的，因為在北京和北方省份效忠於他的大量軍隊已加強了他的地位。中央政府和地方政府的衝突以及袁能否當選的不確定性，構成了 3 月 28 日來自北京的報告中所提到的現存的緊張關係的原因。

總統的不同稱呼

1912 年 3 月 9 日，中國公使照會中聲明，袁世凱宣誓就職為 "**中華民國臨時大總統**" [52]。

1912 年 3 月 14 日，駐北京公使館來電報告道：袁世凱已經就任 "**中華民國臨時政府大總統**"。電文附件中包括 "**臨時大總統**" 的誓詞如下：

"……凡此志願，率履勿渝。俟召集國會，選定**第一期大總統**……" [53]

1912 年 3 月 20 日，來自北京的電報附加了《中華民國臨時約法》，其第四條款如下：

"中華民國，以參議院、**臨時大總統**、國務員、法院行使其統治權"。

在涉及到國家領袖時，《中華民國臨時約法》通篇所用的是 "**臨時大總統**" 一詞。

1913 年 3 月 4 日，中國公使轉交由袁世凱對威爾選總統的賀詞的照

---

52 參見 *Papers relating to the foreign relations of the United States with the annual message of the president transmitted to Congress December 3, 1912*, p. 74. —— 原註。

53 袁世凱誓詞如下："民國建設造端，百凡待治，世凱深願竭其能力，發揚共和之精神，滌蕩專制之瑕穢，謹守憲法，依國民之願望，達國家於安全完固之域，俾五大民族同臻樂利。凡此志願，率履勿渝。俟召集國會，選定第一期大總統，世凱即行辭職，謹掬誠悃，誓告同胞！" —— 譯者註。

會中，公使提到前者為"**中華民國大總統**"，而電報的署名是"**袁世凱，中國總統**" [54]。

No.14

文件號：893.00/1586

英國大使致國務卿

英國大使館

華盛頓，1913 年 3 月 31 日

親愛的國務卿閣下：正如我所認識的，承認中華民國問題，不僅對美國政府，而且對歐洲其他主要相關國家而言，都是一個需要慎重考慮的問題。

考慮到過去對這個問題的處理情況，我的政府希望我（向您）表示，希望目前的美國政府認識到協調行動的必要性，如以往一樣在此問題上與他們坦誠地、毫無保留地交換意見。

致敬

布賴斯（James Bryce）

No.15

文件號：893.00/1588

國務院遠東司的備忘錄

1913 年 3 月 31 日

54　上述斜體均為原文所有。——譯者註。

　　德國大使今日下午來訪時説，他已收到其政府指示，來提醒國務院，針對日本政府 1912 年 2 月提出的照會，各國已經達成諒解：在承認中華民國問題上要採取一致行動 55。我答覆道，國務卿已最慎重地考慮了這一問題；當然，我並不想預測他會採取何種決定，但出於準確性的目的我要提醒大使，我們在當時同意日本的建議曾有保留"只要這一方針不會導致過分拖延"；考慮到自從那時一年已經過去，因此，美國不再明確受此方針約束。我説這一問題現在僅僅是個禮儀問題，我相信國務卿在考慮此問題時會注意這一點。

　　大使重複説，他的指示不是建議應不應該在現在承認中國，而只是提醒國務院已經達成的要採取一致行動的協定。

No.16

文件號：893.00/1628

美國臨時代辦致國務卿
［摘錄］

第 796 號

美國公使館

1913 年 4 月 1 日

　　閣下：我很榮幸（向您）彙報，主要是由於宋教仁最近遭到暗殺，過去十多天來中國政府已發生了相當的騷亂。宋教仁是北京第一個共和內

55　參見 *Papers relating to the foreign relations of the United States with the annual message of the president transmitted to Congress December 3, 1912,* pp. 63, 68－69. ── 原註。

閣——唐紹儀內閣中的農林總長[56]，唐辭職後，宋也隨其辭職，但作為國民黨的領導人，他仍非常積極地促進該黨的利益。他創造了國民黨所宣導的政策：通過控制國會，由該黨或其他黨的成員組成一個責任內閣。他一直致力於使這一政策為臨時政府所採納。現正被宋的朋友指控的袁世凱大總統，曾不斷地宣佈如果宋是總理他就不做大總統。國民黨正忙於傳播某些所宣稱的證據報告，作為間接證據，這些報告傾向於把謀殺宋的罪行強加於大總統和他的內閣。整個國家都被這些報告激怒了，一些邪惡的預言家預測麻煩即將到來，增加了眾人的不安。

宋教仁先生在上海出席了國民黨的一個會議後，於 3 月 20 日晚在新一屆國會其他成員的陪同下開始返回北京。然而正當他在上海火車站等車之際，被一名叫武士英的人開槍暗殺，後者乘當時大家仍震驚未定輕鬆跳脫，避難於法租界。……

很快，在 23 日，兇手在法租界被捕，並承認了他的罪行，聲稱他受僱於一個叫應桂馨的先生去暗殺宋。……

武士英和應桂馨上週已在上海被初步審訊；前者在法租界，後者在公共租界。如上所述，武已承認罪行；應被還押候審一週，原準備在昨日再審。

各國外交代表昨日下午聚會，以考慮中國政府要求把被告移交中國當局審判的請求。經對條約條文和關於此案所涉程式的精心考慮，領銜公使受命答覆如下：

領銜公使很榮幸地收到了外交部 3 月 27 日的涉及宋教仁被暗殺一事的信函，該信要求將謀殺者武士英和包括應桂馨在內的其他人，以及事件的所有見證人移交給中國當局，理由是這起犯罪是在中國領土上實施

56　原文用 Minister of Commerce and Industries，似不確。文中譯文根據相關史實翻譯。——譯者註。

的，犯罪一方以及受害者都是中國人。

在其同事的授權下，領銜公使聲明答覆如下：武士英為上海法租界當局所掌控，他的情況應單獨與法國公使閣下交涉；至於應桂馨，他是在公共租界當局的掌握當中，領銜公使奉命告知，如果他的罪行證據確鑿，足以讓公共租界的混合法庭表示滿意，外交使館不反對將他移交給中國當局。

如果說大總統本可能已提前知道對宋的暗殺，這是難以讓人置信的，因為他不可能自欺欺人地認為，對反對派領導人的這種攻擊不會把政府從一開始就置於受懷疑的地位，從而削弱他對國家的控制。他在過去已表明是一個機敏的政客，無疑可以不訴諸此種手段就策劃宋的失敗。然而，袁的過分熱心的支持者或許會認為這種犯罪行為有助於袁的事業，這也並非不可能。

但也不必就此一定暗示袁的一些支持者要為宋遭謀殺負責。國民黨是一些小黨的聯合，這些小黨的領導人彼此之間免不了有嫉妒之心，有理由相信他們並不同意宋所宣導的政策。對他在理事會中的優勢地位的嫉妒或許要為他受襲負責，對於一個多年來一直宣傳並實施暗殺行為的革命者來說，訴諸這種犯罪行為並不令人驚奇。他們一定會收穫他們所種的種子。

上海的"共和宣導者"威脅要對宋的死進行報復，發動比法國大革命還要可怕的恐怖行動。但這種言論只是在上海外國租界的保護下才更易發表，後者一直是一個避難所，或者更確切地說，是那些反政府的密謀者的"亞杜蘭的洞穴"（a cave of Adullam），不管這個政府是滿洲的君主，還是中國人的共和。但是，不管是不是有恐怖行動，毫無疑問一方面正大量談論扔炸彈和暗殺，另一方則訴諸草率處決來消除這些危險的反對派，非常真實的情況是，雙方的領導人都一直處於要遭攻擊的恐懼中。

外交總長每天都收到威脅信，自從就職以來，大總統只有兩三次離開他的官邸，當他外出時，大街上則戒備森嚴。

這種局勢真正嚴重的地方在於整個國家的和平都仰賴一個人。即使是國民黨裏，也不可能產生可以接替大總統職位的人。在缺乏這樣一個有全國影響的候選人的情況下，如果袁又被趕走，這個國家將發生甚麼？我敢猜測必然是一片混亂。如果外國干涉能被阻止，則無疑需要在適當的時候出現強人，此人能夠並且將會恢復和平與秩序，但要完成這一結果，時間是不可缺少的。

在我看來，維持秩序的唯一希望，就在於袁世凱的繼續掌權。如果他能被寬恕，共和國將可能持久，代議制政府的建立也可能及時帶來擁有優良品質的突出的人物，這些政治家可以控制整個國家的忠誠。

外國列強承認共和國無疑會極大地加強袁在人民眼中以及即將召開的國會中的地位，因此有助於平息目前的不安和對動亂的始終存在的擔心。（在中國，）沒有其他政府可同他的政府來競爭外國的承認，他的大總統職位也沒有值得一提的競爭者。因此，在我3月28日的電報裏，我曾建議美國政府立即承認（袁政府）。這並非因為我相信袁是一個理想的大總統或明智的政治家，而僅僅是因為，在我看來這是在袁和動亂之間所能作出的唯一選擇，而我們越早承認他的政府，就對中國和美國在華利益越有利。

此致

衛理

No.17

文件號：893.00/1596a

國務卿致在華府與中國有條約關係的各國家代表的備忘錄 [57]

1913 年 4 月 2 日

　　總統希望我向您告知，並通過您告知貴國政府，他打算在 4 月 8 日中華民國第一屆國會開幕之日承認中國政府。他希望我表示他非常真誠地希望和邀請貴國政府的合作並同時採取同樣的行動 [58]。

國務院

1913 年 4 月 2 日

No.18

文件號：893.00/1687

日本使館致國務院

日本帝國使館，華盛頓

1913 年 4 月 4 日

　　日本大使，在已經向其政府報告了尊貴的國務卿在 4 月 2 日向他遞交的關於總統將要承認中國一事的備忘錄後，奉命向美國政府同日本政府進行這次重要資訊交流表示誠摯謝意。日本政府一直希望在適當時機

57　包括如下國家：奧匈帝國，比利時，巴西，古巴，丹麥，法國，德國，英國，意大利，日本，墨西哥，新西蘭，挪威，秘魯，葡萄牙，俄羅斯，西班牙，瑞典。也送給中國駐美公使，以及美國駐巴黎、倫敦、柏林、聖彼德堡、羅馬、維也納、東京等國大使館及駐華公使館。——譯者註。

58　巴西、墨西哥、秘魯、古巴、英國、丹麥、奧匈、意大利、法國、荷蘭等國的態度，參見 *Papers relating to the foreign relations of the United States with the annual message of the president transmitted to Congress December 3, 1913,* pp. 109－112. ——譯者註。

儘早承認（中國新政府）。但是，鑒於目前中國事態，尤其是在宋教仁遇刺事件後北京官方被指控為共犯時，其結果可能引發北方和南方之間的重大紛爭，從而威脅這個國家的秩序和安全，日本政府深切地認為，此時承認袁世凱先生為臨時政府首腦的中國政府，實際上等於援助袁世凱而與孫中山先生、黃興先生等領導的南方集團作對，不僅為各國着想有欠妥善，亦不符合中國的真正利益。鑒於此，日本政府覺得有必要坦白言明，日本無法滿足美國政府要求採取共同迅速承認新政府的行動，為此深感遺憾。日本政府還殷切希望美國政府能繼續觀望中國事態的進一步的發展，稍待中國局勢確實恢復平靜後，再行採取目前建議的行動 [59]。

1913 年 4 月 4 日

No.19

文件號：893.00/1598a

國務卿致美國臨時代辦
［電報—改寫］

華盛頓，1913 年 4 月 6 日，上午 11 時

如果到國會本將召開之時，卻因籌辦事宜而超出一般地拖延，您要向國內彙報，接受進一步的指示。如果國會在擁有法定人數的情況下召開，開始選舉政府官員，您則把下列來自美國總統的資訊告知中國大總統。

大美利堅合眾國總統致書於大中華民國大總統，當中華民國人民新

59　1913 年 4 月 4 日當天，日本外相牧野致電日駐美大使珍田，要其將上述資訊答覆美方。日方檔案收錄了牧野致珍田的這份電報，內容與英文略有出入。該電報的中譯文，參見《日本外交文書選譯——關於辛亥革命》，第 428 頁。——譯者註。

負自治性質及主權之時，美政府與美國人民甚為同情，際茲代表全國國會業經召集以盡其最高最重責任，發表民國與情所希望者之得有圓滿效果。是以美國政府及人民皆以余當代表美國政府及我人民歡迎新中國加入萬國一家內。余現因中華民國完全政體將欲成立，果能從此發展盛興達於極點，且將來國會造成之新政府，對於臨時政府之所續擔責任亦能賡續擔負，是誠余所冀望而深信者也 [60]。

您把此資訊通知領事和亞洲艦隊指揮官，並彙報此指令的執行情況。

布萊恩

備註：

英國大使在 (1913 年) 4 月 7 日答覆了國務院 4 月 2 日的備忘錄說，他受命通知您，"在承認中國政府的條件上，陛下政府堅持以前他們一直堅持的觀點。這些已為美國政府所知的條件如下：1、列強應協調行動。2、英國國民基於條約和慣例所享有的權利、特權及豁免權應得到正式的確認。"大使繼續補充道，他的政府建議考慮，"美國的承認建議如推遲到維持政府的穩定和國家安定得到更全面的保證，是否更為有利。這或許表明是符合中國自身利益的。無論如何，陛下政府如不與在北京有使團的各國充分交換意見，就無法採取您所提出的行動，而在貴國政府所建議的這段時間，實現這樣的交換意見實際上是不可能的。"（文件號 893.00/1667）

丹麥公使 4 月 8 日寫信回覆國務卿："丹麥外長今天給我發電報，對他無法如美國總統建議的那樣對華採取一致承認行動深表遺憾。"（文件號 893.00/1603）

60　譯文摘自國史館編譯館主編、陳志奇輯編：《中華民國外交史料彙編》第 1 冊，第 149 頁。
　　——譯者註。

奧匈帝國代辦 4 月 8 日回覆說：“我現受我國政府之命，感謝閣下所提供的資訊，但在中國國會開幕前，我們無法理解有承認中國政府的充分理由，因此必須保留我們的行動自由。”（文件號 893.00/1606）

意大利外交部 4 月 8 日回覆，要美國大使參考它在 1912 年 8 月 5 日的決定（參見 Papers relating to the foreign relations of the United States with the annual message of the president transmitted to Congress December 3, 1912, 第 85 頁），並補充說：“以明確方式加強新政府的條件，此時似並得到足夠的改善。意大利政府因此認為，採取同以往不同的立場仍為時尚早、並不成熟。”（文件號 893.00/1605）

法國大使 4 月 9 日答覆說，他奉命答覆，即使法國政府真誠地感謝美國政府邀請法國跟隨其一同承認中國的舉動，“也希望對中國表示善意，但仍認為承認中國並不成熟，因為即使不考慮它的穩定性問題（而這一問題是必須要考慮的），它也未得到相關者的認可。事實上，我們所面對的只是一個臨時政府，該政府並未得到人民和代表的確認。只有召開制憲會議並通過其活動在中國形成明確的政府才能表明這種確認。因此，我國政府現在與中國政府所維持的完全衷心的且有禮貌的事實上的關係，暫時來講最符合新機構所處的環境。”（文件號 893.00/1613）

No.20

文件號：893.032/8 and 9

美國臨時代辦致國務卿
［電報—改寫］

美國公使館

北京，1913 年 4 月 10 日

在國會開幕之際,參眾兩院向世人宣佈了一份聯合決議,內容如下:

［譯文］

惟中華民國二年四月八日為我正式國會第一次開院之辰,參議院,眾議院議員集禮堂,舉盛典,謹為詞以致其忱曰:視聽自天,默定下民,億兆有與於天下,權輿不自於今人。帝制久斁,拂於民意,付託之重,乃及多士。眾好眾惡,多士赴之;眾志眾口,多士表之。張弛斂縱,為天下鞶,緩急疾徐,為天下樞。

興歟廢歟,安歟危歟,禍福是共,功罪之屍,能無懼哉?嗚呼!多難興邦,惕厲蒙昭,當茲締造,敢伸吾籲。願我一國,制其中權,願我五族,正其黨偏。大穰暘雨,農首稷先。士樂其業,賈安其廛,無政不舉,無隱不宣。章皇發越,吾言洋洋。逖聽遠慕,四鄰我臧。舊邦新命,悠久無疆。凡百君子,孰敢怠荒 [61]。

衛理

No.21

文件號:893.00/1646

美國臨時代辦致國務卿
［摘錄］

美國公使館

北京,1913 年 4 月 11 日

第 807 號

61　譯文摘自:《中華民國史事紀要 民國二年(一九一三)一至六月份》,中華民國七十年出版,第318頁。——譯者註。

閣下：我很榮幸向您彙報中國的政治局勢，情況如下：

最近選出的參、眾兩院代表，組成了中國第一屆國會，4 月 8 日晨聯合舉行會議以適當儀式慶祝代議制政府的成立。

慶祝典禮在眾議院議場舉行，此地是原財政學院（School of Finance）的建築改裝而成。……城市裏飄揚着歡樂的旗幟，典禮開始時，鳴禮炮 101 響以致敬。……

慶祝儀式開始時，7 名內閣部長魚貫而入坐在講台上，委員會的主席負責整個程式，擔當典禮的主持，控制着集會的秩序。總計 682 名成員出席，也就是說，包括了 274 名參議員中的 179 名和 596 名眾議員中的 503 名。

在 4 月 6 日召開的一次會議上，各政治派別同意，由國會中的最年長者擔任儀式主席。這一榮耀因此為來自雲南的參議員楊瓊先生所獲得。他拜訪了顧問委員會（臨時國會）秘書長林長民先生，向後者閱讀了發言稿，這一稿件是由本月 6 日組建的跨黨派決策委員會所起草。這份發言已於 4 月 10 日電報中發回國務院[62]。這份發言是用文言文寫成，充滿了只有起草者才能懂的文學暗示，因為這些暗示既沒有解釋也沒有表明引用的來源。這篇文獻是從中國文言文裏挑選出的詞語的大雜燴，中國學者能夠全部理解它們的意思，因為他們能夠背誦這些文本。舉例來說，開場白的一句"視聽自天，默定下民"的原文僅有 8 個字，濃縮自《孟子》中的一段，而其本身則引自中國最古老的著作《尚書》，原文是："天視自我民視，天聽自我民聽"[63]。因此，不可能把這份發言中所包涵的豐富內涵翻譯傳達給一個非中國的讀者。

在大總統的代表梁先生致賀詞後，被請往講台，他帶來的諮文，放

62　參見 *Papers relating to the foreign relations of the United States with the annual message of the president transmitted to Congress December 3, 1913*, pp. 111–112. —— 原註。

63　分別見《孟子・萬章（上）》和《尚書・周書・泰誓》。——譯者註。

在了眾議院議長的桌子上。

主席然後要求所有內閣部長在典禮主持的引導下退往眾議院議場門口，全體國會成員一致向懸掛於眾議院議長席位後代表中華民國的五色旗三鞠躬。

活動穿插着花園中的軍樂團演奏的音樂，整個儀式莊嚴肅穆，令人印象深刻。

除了極少數例外，國會成員一律穿西裝 —— 黑色禮服外衣，大禮帽 —— 與舊日中國大眾鮮豔顏色的服裝形成強烈的對比。

若非美國政府在 4 月 8 日承認中華民國的意圖已被傳達，國會能否在當天開幕還值得懷疑。可從這裏報紙上的電訊得知這一意圖。那些駐華盛頓代表已被通知備忘錄內容的國家，其在北京的公使館也迅速被告知。該報告迅速成了現在所談論的主題。……

4 月 8 日夜在內閣邀請國會成員的宴會上，大總統秘書梁先生在發言中提到了美國承認的前景，希望不要發生甚麼事情來過分拖延這種承認。對於這一發言，臨時國會議長吳景濂答覆說，國會成員完全理解美國政府承認共和國的意圖，不會阻礙承認的發生，但他希望指出，美國僅僅是等待國會的建立，這清楚地證明，美國政府並非要承認一人的政府（one-man government），而是民選代表所建立的政府。……

本月 9 日夜，公使館被口頭告知，巴西駐日公使已向中國駐日公使表示，其政府正式承認中華民國。本月 10 日，這一資訊被正式向公使館確認。為了紀念這一事件，4 月 12 日被宣佈為公共假日，城市裏懸掛巴西國旗，學校放假，並舉行了一場普遍的慶祝。昨日晚上，公使館被口頭告知，秘魯也承認共和國，此資訊已從利馬用電報發來。然而我能覺察，巴西和秘魯的這種行動，可能是基於對此處局勢的誤解。二者在北京都沒有代表，在了解美國在 4 月 8 日國會召開時要承認共和國的意圖後，又了解到該國會已正式開幕，就認為美國的承認已經發生，從而認為他們在仿效我們給予（中華民國政府）承認。墨西哥代表得到指示要與本國公使館一致行動，向其政府解釋了承認推遲的原因。意大利、荷蘭和比利時公使都向我表示，他們希望他們各自的政府早日承認共和國，但也向其各自的外交部建議直到選舉出總統才採取行動。

　　自從國會開幕典禮舉行以來，兩院並未開會，但眾多的政黨會議已經舉行。……

　　此致

衛理

備註

　　西班牙公使（1913 年）4 月 17 日在與國務院參事的談話中，口頭傳達了其政府的答覆：「由於西班牙在中國沒有政治利益，西班牙在承認新的中華民國問題上將跟隨其他多數列強行動。」（文件號 893.00/1663 1/2）

No.22

文件號：893.00/1634

奧匈使館致國務院

奧匈帝國和皇家使館

華盛頓，無日期

備忘錄

　　日本帝國駐維也納使館已向（奧）外交部通告了其政府的通電，通電內稱：1912 年 2 月日本政府提議承認中華民國需要採取一致行動，現在有必要重提該建議。

（日本）政府建議，只要在此屆國會期間中國能夠持續穩定，同時中國新政府能夠尊重和履行其國際義務，那麼就可給予承認。承認的時機需要由各國駐北京代表來選擇，並且通過各國政府代表共同的建議起草同樣的照會遞交中國政府來實施列強的承認。

我要求閣下告知美國政府對日本的建議反應如何，如果其他國家內閣願意採取一致措施，貝希托爾德（Berchtold）伯爵也願在日本的建議方面給帝國和皇家駐北京公使以指示。

No.23

文件號：893.00/1634

國務院致奧匈使館

備忘錄

從一份來自奧匈帝國和皇家駐華盛頓使館的無日期的備忘錄中，國務院了解到，日本帝國駐維也納使館已向（奧）外交部通告了其政府的通電，通電內稱：1912 年 2 月日本政府提議承認中華民國需要採取一致行動，現在有必要重提該建議；也了解到，如果其他國家內閣願意採取類似措施，貝希托爾德（Berchtold）伯爵也願在日本的建議方面給帝國和皇家駐北京公使以必要指示。

從該備忘錄來看，日本帝國政府的建議是：只要在此屆國會期間中國能夠持續穩定，同時中國新政府能夠尊重和履行其國際義務，那麼就可給予承認。承認的時機需要由各國駐北京代表來選擇，並且通過各國政府代表共同的建議起草同樣的照會遞交中國政府來實施列強的承認。

奧匈帝國和皇家使館希望了解美國政府對日本建議的態度，對此，我們告知奧匈帝國和皇家使館，總統已指示美國駐北京的代表，一俟中國通過選舉官員組建國會，即（向中國政府）提交總統的承認信件；總統也表示，希望其他國家也加入到承認中華民國的行列中來。

國務院

華盛頓，1913 年 4 月 26 日

No.24

文件號：893.00/1641

駐華代辦致國務卿

［電報—改寫］

美國公使館

北京，1913 年 5 月 2 日，下午 5 時

總統的承認信件，今日已被遞交給袁大總統。外交總長已向華盛頓發電，表達袁大總統的感激。

衛理

No.25

文件號：893.00/1694

中國大總統致美國總統

［電報］

北京，1913 年 5 月 2 日

美利堅合眾國大總統閣下：承認國書已由駐京貴國代表遞傳，其中親愛之盛意，歡迎之至誠，流露言表，足徵貴國互相扶助之美德長存不衰，從此中美兩國七十年來之邦交盡生光彩，本大總統以中華民國之名義敬此致謝。共和政體於敝國雖屬創舉，然其精神之美備，而為貴國所代表者，敝國之民已熟知之。以此敝國政府之目的惟維持共和政體，完備行政機關，庶幾全國國民得永享其澤。對內則調和法律自由，以增進國家之利、人民之幸福；對外則履行所有之義務以保國際和平列邦之睦誼。

中華民國臨時大總統袁世凱 [64]

No.26

文件號：893.00/1681

美國代辦致國務卿

［摘錄］

第 841 號

美國公使館

北京，1913 年 5 月 6 日

閣下：

遵照您在 4 月 6 日晚上 11 點的電報裏的指示，我很榮幸向您報告，威爾遜總統承認中華民國的信件已經於 5 月 2 日星期五早上 11 點轉達給了袁世凱大總統。

64　譯文摘自《中華民國外交史料彙編》第 1 冊，第 150 頁。——譯者註。

根據您以前的指示，承認中華民國的條件應當是：國會應當按照法定人數召集起來，並通過選舉官員組織起來運轉。這些條件直到 5 月 1 日才得以實現。參議院於 4 月 25 日完成了它的組織建設，眾議院直到 4 月 30 日才選出它的議長。一旦這些得以實現，我即通知外交部，表示公使館在接到國會兩院完成組建工作的官方通知之後，即受命將美利堅合眾國總統的一封信轉達給中華民國大總統。這些資訊於當晚傳達給了公使館，而我則立刻寫信給外交總長要求安排一個小時會談以便我可以完成我接到的指示。他立即做了答覆，確定在 5 月 2 號週五上午 11 點接見。上述的各種往來便箋的副本隨信附上 [65]。

5 月 1 日，通過選舉出一位副議長，議會完成了它的組織構成。

儘管一位副議長的選舉產生不能被認為是議會開始工作的重要組成部分，但是外交總長（the President of Foreign Office）渴求能把美國承認中華民國一事表現為一個巨大的榮耀，並花費時間去準備一個非常精心安排的活動，於是 5 月 1 日我打算要去轉達總統的信件。

5 月 2 號上午 10 點，在一隊榮譽衛兵的伴隨下，一輛政府馬車到達了公使館，在公使館隨員的陪同下，我被馬車送往大總統府第所在的西苑大門口。沿途每隔一小段距離就有員警和士兵在站崗，而房屋則都用旗幟裝點起來了。

進入西苑之後，我們被領着乘坐舊帝國式樣的屋形船穿越了裏面的湖泊，並在大總統府入口處受到了典禮的總司儀孫寶琦、海軍中將蔡廷幹、海軍將軍程 [66]、參謀本部總長、陸軍上將蔭昌的會見。在外庭有一隊衛兵以軍禮歡迎了我們，而手持長矛的大總統保鏢則在內庭向我們表示了相類似的尊敬。

65　未刊印。——原註。

66　疑為程璧光，原文只有姓（Ch'eng），而當時（1913 年）民國海軍將領中只有程璧光的姓氏和生平事蹟符合。——譯者註。

　　外交總長、代表生病未到總理的段祺瑞和其他官員在宮殿的正廳等待我們。大總統已經發佈命令，我被領進了裏面的一個接待室，鞠躬並得到大總統的認可之後，我朗讀了威爾遜總統的信件，並將它交給袁大總統，他又把它轉給外交總長。我隨後做了一個簡短的演說，總統也對此作出了非常熱情的回應。我隨信附上演說的副本。助理中文秘書派克先生朗讀了威爾遜總統信件和我本人相關評價的中文本，大總統的英文秘書，一位哥倫比亞大學的畢業生，顧維鈞先生朗讀了大總統相關回覆的英文本。公使館的眾人都被引見給大總統，在簡短的交談之後，大總統離開了。外交總長陸徵祥告訴我袁大總統致威爾遜總統的回覆信剛剛通過電報發給了華盛頓，並將在那邊呈遞給我國政府。

　　我們被帶領參觀了西苑的庭院和建築，在我們返回宮殿的路上，袁大總統又一次出現了，並邀請我們和他共進午餐，席間有一支軍樂隊在伴奏。吃到最後，一個攝影師出現了，為我們拍攝了幾張照片。我們隨後啟程並被護送回公使館。

　　一個更加簡單的流程可能會更符合我的口味，不過中國人喜歡儀式和表演，或許是因為事態的關鍵，使得人們更為重視這些形式。

　　國民黨，或者民族主義黨，正在滿懷仇恨地攻擊政府，因為政府在沒有獲得國會同意之下就與五國代表團簽訂了善後大借款[67]。相關的電報已經被送到所有省份了，而政府也收到了許多措辭強硬的抗議。我們也得知，革命黨領導人孫中山博士、黃興將軍、在上海的陳其美將軍正在策劃一場革命，並試圖為此借款和購買武器。

　　有批評說美國好像要承認一個即將被推翻的政府，但是事實是，美國政府沒有過多考慮反叛者的旨在破壞政府名聲的密謀，而是執行了它

---

[67] 指袁世凱政府與英、德、法、俄、比、日等國簽訂了總額 2500 萬英鎊的 "1913 年中國政府五厘黃金重組貸款"（Chinese Government Five Per Cent Reorganization Gold Loan of 1913）。—— 譯者註。

承認中華民國的計劃,並在全國範圍內產生了極為有利和穩定的影響,給遵守秩序和遵紀守法的人以鼓勵,並通過將人民的注意力從黨派政治上轉移開,去促使一個對共和更好的認知的形成。

5月3日,星期六,國會兩院都通過了感謝美國政府承認中華民國行動的決議。這些決議將通過中國駐華盛頓的公使轉達給您。

根據您在4月6日電報裏的指示,我通知了所有領事和亞洲艦隊的指揮官我將轉交承認中華民國的信件的打算,並且建議他們在同時拜訪當地政府。

在上海、漢口和廣東的總領事已經報告了他們執行指示的情況。在漢口和武昌周邊的城市,人們表現了極大的熱情,帶着銅鑼的公告傳報員走上街頭宣佈美國承認中華民國。在上海,人們也全是歡喜之情,精心佈置了慶祝活動。然而,海軍將軍們直到接到對中華民國的承認已經實現的通知才在5月3日與當地官員進行了互訪。

為了慶祝8號的事件,一個地處北京的美中交流協會(A Chinese-American association)已經準備了一個精心的活動,而在全國範圍內,即時和類似的慶祝活動將到處都有。所有這一切都將會對兩國關係產生一個良好的影響,並有望大大有助於鞏固和加強中華民國。

此致

衛理

[附件 1]

美國代辦的開場白

總統閣下:我受美國國務卿委派擔負向總統閣下傳達發自美利堅合眾國總統的一封信的職責。我認為能得到允許履行這一職責是一種崇高的榮譽和無比的榮幸。

［朗讀美國總統的信］
美國代辦的結束語

大總統閣下：在向大總統閣下傳達了來自美利堅合眾國總統的關於正式承認中華民國的信件之後，我本人並代表住在貴國的我國同胞，熱切地表達我們均對美利堅合眾國政府所採取的行動感到滿意。

作為一個姊妹共和國的公民，我們不可能對影響到一個共和政府在中國能否成功的事物漠不關心。我們會抱着同情注視着你們的進展，我們相信曾經鼓舞革命烈士們的各種希望會在當下正在創立中的各種自由制度中收到全面果實。我們相信"一個民有、民治、民享的政府。"[68]

走出遠古時代的迷霧，世間響徹着《泰誓》裏面的話："天視自我民視，天聽自我民聽。"[69]

您我兩國今日可以有充足的信心就那些古代的話語已經再次實現了而共同慶祝；這一個"建立在廣泛的民意基礎上"的新政府，通過締造長久的和平和平等的正義，將會實現中國人民最大的幸福，並值得受到上天的保佑。

［附件 2］
大總統的回覆

代辦先生：我十分滿意地聆聽了您剛才朗讀的貴國總統的歡迎信件，以及您如此明確向我表達出的同情。代表中國政府和人民，我感謝您並懇請您將我的謝意轉達給威爾遜總統。

68　本處譯文遵從《葛底斯堡演說》的中文譯文。——譯者註。
69　原文出自《尚書·周書·泰誓》。——譯者註。

儘管成立時間不長，中華民國是建立在已經深深根植在中國人民心裏的自由和自主原則之上的。通過永久建立起這種形式的政府，我們相信，我們已經找到了可以確保我們獲得你們已經通過相同的方式享受了 140 餘年的"不可剝奪的生命權、自由權和追求幸福的權利"[70] 的最佳方式。

儘管為一個廣闊的大洋所分隔，並且在不同的天空下生活，兩個偉大民族卻有着同樣一種政治思想和理想，這一點既令人滿意又十分重要。我國古代經典中的《泰誓》與貴國一位總統[71] 的演講，這兩者的話您都引述了，表明中美兩國人民都願意建立一個基於民意的政府。我對這一希望有信心，即對共和政府的這種共同信念將有助於給中國和美國帶來一個比現在更加緊密的聯繫，並進一步加強兩國人民之間已經存在的友好關係。

No.27

文件號：893.00/1651

美國代辦致國務卿
［電報—改寫］

美國公使館

北京，1913 年 5 月 9 日下午 6 時

（中國參眾）兩院都通過決議，這些決議由中國駐華盛頓公使轉達，向您表示感激。

---

70 本處譯文遵從《獨立宣言》的中文譯文。——譯者註。
71 指亞伯拉罕·林肯。——譯者註。

為了慶祝美國承認共和國，商業和其他組織代表團、重要學校的師生昨日攜美中兩國國旗進行了遊行，並拜訪了公使館。他們要求我向美國政府和人民轉達他們對美國友好行動的真誠感激。

衛理

No.28

文件號：893.00/1664

中國公使致國務卿
［電報—改寫］

中國公使館
華盛頓，1913 年 5 月 12 日

閣下：我很榮幸地通知您，中國國會的參、眾兩院在其各自的特別會議上，全體一致通過一份決議，感謝美國政府對中華民國的承認。

利用向您提供國會該行動資訊的機會，我謹致最誠摯的謝意。

張蔭堂

No.29

文件號：893.00/1698

美國代辦致國務卿
［電報—改寫］

第 850 號

美國公使館
北京，1913 年 5 月 13 日

閣下：很榮幸附上一些文件副本。譯件包括兩份照會，是中國外交總長通知公使館參眾兩院代表通過的感謝美國政府承認中華民國政府的決議；也包括公使館對上述照會的答覆。我亦被告知，這些決議也通過中國駐華盛頓公使遞交給了國務院，這些情況在我 5 月 9 日下午 6 時的電報中，以及本月第 841 日電報中，已加以說明。

［附件 1］
中國外交總長致美國代辦

第 345 號

外交部
北京，1913 年 5 月 10 日

先生：我很榮幸地通知您，1913 年 5 月 6 日，我收到了來自內閣的急件，內稱：它已收到了大總統的行政命令，要求把來自參議院的資訊轉至美國。該資訊內容如下：

大總統令發下，參議院諮稱，國會成立以來，各友邦承認中華民國者聯翩相屬，本院特開大會，滿場一致表決感謝之意，應請電達各該國政府等因函知[72]。

內閣要求我採取適當的行動。

因此，我很榮幸地請您向貴國政府傳達上述資訊。

陸徵祥

---

72 譯文摘自《中美往來照會集（1846－1931）》第 12 冊，第 165 頁。——譯者註。

［附件 2］
中國外交總長致美國代辦

第 346 號

外交部

北京，1913 年 5 月 13 日

先生：我很榮幸地通知您，1913 年 5 月 10 日，我收到了來自內閣的急件，內稱：它已收到了大總統的行政命令，要求把來自眾議院的資訊轉至美國。該資訊內容如下：

大總統令發下，眾議院諮稱美國業已正式承認，代表全國國民致謝，請電達美國政府等因相應照會，貴署公使查照轉達貴國政府為荷須至照會者 [73]。

代辦先生，我很榮幸地通知您眾議院採取的這一行動，並請您將該資訊通知美國政府。

陸徵祥

［附件 3］
美國代辦致中國外交總長

第 180 號

美國公使館

北京，1913 年 5 月 13 日

---

73 譯文摘自《中美往來照會集（1846－1931）》第 12 冊，第 165 頁。——譯者註。

閣下：我很榮幸地通知您，我已經收到閣下 1913 年 5 月 10 日致我的照會，其中包含了參議院致（我國）大總統的資訊，內稱：參議院已通過決議，感謝美國對中華民國的承認，閣下並要求我將該資訊傳達給我國政府。

我對參議院通過這一決議的行動表示感謝，並很榮幸地通知您：我已將閣下遞交的照會副本電告我國政府。

致以最崇高敬意

衛理

[附件 4]
美國代辦致中國外交總長

第 181 號

美國公使館

北京，1913 年 5 月 13 日

閣下：我很榮幸地通知您，我已經收到閣下 1913 年 5 月 10 日致我的照會，告知我眾議院已代表全國人民表示對美國正式承認中國這一行動的感激，並要我將這一行動轉達給我國政府。

我很榮幸地告知閣下，我非常高興收到了提供給我的這一資訊，並已將閣下遞交的照會副本電告我國政府。

致以最崇高敬意

衛理

No.30

文件號：893.00/1700

美國代辦致國務卿

［摘錄］

第 858 號

美國公使館

北京，1913 年 5 月 16 日

閣下：在 1913 年 5 月 6 日發回的第 841 號電報中，我曾提到孫中山博士、黃興將軍、陳其美將軍試圖發動叛亂反對目前的北京政府，現在我很榮幸地向您進一步報告中國的政局。

對於剛剛提到的對三位革命領導人的指控，其真實性是毫無疑問的。孫中山的證據在於他反對 5 月 6 日達成的貸款，後面附的一份文件，表明了他對袁世凱的態度和他相信內戰將臨。但唯一想訴諸戰爭的人是那些不滿袁政府的人，也就是孫的同黨。⋯⋯

普通民眾對政治不感興趣，商人團體無疑反對任何對和平的進一步騷擾。不同城市的商業委員會已致電北京，抗議那些陰謀發動二次革命的人。⋯⋯只有當孫博士和黃將軍了解到，人民並不與之為伍，也不會有錢去支持他們的運動，他們才會宣佈不想發起革命。⋯⋯

南方各省要求從共和國分裂出去的運動並非是全新的現象。實際上，1912 年南京政府同袁政府的聯合或者說為袁的政府所吸收，從來就不為某些革命領導人所喜。一些人看到，一些官方的特權從他們手中溜走了；另外一些有更高名望的人不信任北方的保守領導人，認為在這些人領導下不會進行政治改革。他們尤其對任命了眾多滿族政權的舊式滿清官吏作政府高官表示不滿。在外國受過教育的南方領導人氣惱於共和國之下的政府所作所為竟同君主國非常類似或幾乎完全相同。即便在宋教仁遇刺前,在南京組建另一個政府的嚴肅談論就存在。反對袁世凱的國民黨,於北京國會開幕前在上海召開了黨內領導會議。人們紛紛預測,南方的代表不會去北京,國家將要分裂。令人高興的是,明智的代表還是佔優勢。但是宋教仁的遇刺和五國貸款的簽訂,給了這些心懷不滿的人更多地煽動叛亂的機會,而這在以前他們是不能輕易利用的。

過去的兩週局勢很關鍵。危險並未完全消除,但狀況正逐漸改善。……只要商人階層堅持他們反對內戰的態度,嘗試推翻政府的行動就不會成功。眾所周知,由於上海公共租界的工部局不允許叛亂者在租界散發誹謗政府的出版物,孫博士據說已使其狂熱的同謀者相當喪氣。……

此致

衛理

[附件—譯文]
孫中山致各國政府和人民電 [74]

各國政府和人民公鑒:敝國國民黨領袖宋教仁君在滬遇刺一案,經政府派人徹查後,北京政府之種種牽涉已成事實,無可掩飾。人民因此大為憤懣。現在大局岌岌,最可恐慌之危機即在目前。政府自知罪大惡極,有負國人委託之重,勢必引起國人公憤,難保祿位,於是以迅雷不及掩耳之手段,與五國銀行團締結二千五百萬磅(鎊)之大借款,以破壞

---

74 譯文摘自《孫中山全集》第 3 卷,中華書局 1984 年版,第 56－57 頁,電報發表時間為 1913 年 4 月下旬。—— 譯者註。

約法。全國代議士提出嚴重抗議，政府竟悍然不顧。國人因宋教仁君橫遭毒手，已不勝憤懣，而政府復有此種專橫違法之舉動，輿情因之益為激昂。現在國人忿火中燒，恐不免有激烈之舉動，大局之危，已屬間不容髮。全國人民之憤激一致爆發，旦夕間事耳。余自共和告成以來，竭力從事於調和意見，維持安寧，故推袁世凱為總統。原冀全國得從此統一，人民得早享安居樂業之幸福耳。溯自起義以來，大局擾攘，余亟欲維持全國治安，故不惜彈精竭慮，以求以善良之政府。今銀行團若以鉅款借給北京政府，若北京政府竟以此款充與人民宣戰之經費，則余一番苦心盡付東流矣！革命以來，商業凋敝，國人已受種種損失。目下正在漸就恢復，若再興兵戎，勢必貽國人以莫大之害。然國人前此既以極大代價換得共和，則今此必當誓死擁護此共和。若國人為誓死擁護共和之故，竟與政府決戰，非特國人受無限之損失，凡外人在華之權利亦將受間接之影響矣。故北京政府未得鉅款，人民與政府尚有調和之望，一旦鉅款到手，勢必促成悲慘之戰爭。此可預言者也。世界文明各國，莫不尊重人道，用敢奉懇各國政府人民設法禁阻銀行團，俾不得以鉅款供給北京政府。蓋北京政府此時若得銀行團之鉅款，必充與人民宣戰經費無疑。尚希當世人道為懷之諸君子，出而扶持，俾敝國諸同胞不致無辜而罹慘劫。此余所敢呼籲於各國之前者也。

No.31

文件號：893.00/1764

美國代辦致國務卿

[電報—改寫]

美國公使館

北京，1913 年 7 月 19 日

美國駐上海領事電告，上海已宣佈獨立。

從內陸難以獲得準確的消息，但據信中部四省已宣佈獨立，在南京組建獨立政府的努力正在進行。

衛理

No.32

文件號：893.00/1765

美國駐福州領事致國務卿

[電報—改寫]

美國領事館

北京，1913 年 7 月 20 日

今天，福建省已宣佈獨立。

富勒（Fowler）

No.33

文件號：893.00/1766

美國駐廣州總領事致國務卿

[電報—改寫]

美國領事館

北京，1913 年 7 月 20 日

廣東省昨日宣佈獨立。

切西爾（Cheshire）

No.34

文件號：893.00/1826

美國代辦致國務卿

第 936 號

美國公使館

北京，1913 年 7 月 22 日

閣下：出於提供資訊和國務院檔案備份之需要，我很榮幸地附上 7 月 20 日一份來自（中國）外交部的備忘錄譯件，內容涉及目前南方的騷亂，以及政府希望迅速將國家恢復到常態的願望。

此致

衛理

[附件─外交部─譯文]

共和國存在已逾一年，自從其誕生以來，臨時政府一直致力於恢復秩序和促進團結。只有如此，和平才得以維持，民族才得以重建。外國政府和本國政府的外交關係繼續維持發展而沒有中斷，同時商業和財政的利益逐日得以改善。中國也急切地願意向所有外國政府償還已到期的貸款和應給的補償。

但是，如果不能在全國範圍內維持秩序並解除其被破壞的危險，這個國家的財政狀況就不可能改善，也就不會有真正的安全。本國政府已完全認識到這些事實，已動用其全部資源、不遺餘力地達成這些目的。很顯然，秩序的打斷會損害民族團結，繼續解散無用的軍隊，繼續貨幣、國家財政和其他方案的改革，都是不可能的。而且，在這種條件下，外國的商業利益不可避免地要受到損害。不僅本國的善良公民，而且是友邦，都會遭受痛苦。

本國中央和南方的官方顧問意見分歧。那些致力於本國福祉的人無疑是多數的，但也有一些人把資金浪費在擴充軍隊上，這些人樂趣就是災難，嗜好就是摧毀。本政府被迫根據情況作了一些免職和調動，以便讓配得上的人得據其位，並保證國家的繁榮。

但一些無法無天的人利用這些環境來製造混亂，軍事行動突然就爆發了。督軍除了考慮其本職外，還想謀求其他，其軍隊已被本地的人民看成敵人，而這些軍隊則把已獲得所有人同情和支持的整個政府當成外國人的政府。叛亂者的軍事行動和國家團結的終結已引起騷動，結果使剛剛脫離苦海的不幸的人民又一次陷入悲慘的境地。商人們恨這些人，市場也被打亂了。

本政府已派遣一些部隊去那些發生暴動的偏遠的小地方，在短期內恢復平靜並不困難。但本政府懷有友愛情懷，愛好和平，不想使當地遭受戰爭之苦。它只是希望內部動亂早日結束，重建商業。

國會和地方商業委員會的成員要求政府立即懲罰叛亂者。本政府已收到人民的委託，只能履行它的職責。就這些國內動亂而言，本政府發現它處在一個令人煩惱但又無法避免的處境裏。外國政府對本國持有最為友好的態度，目前也一定極為關切，因此，本備忘錄是為了讓他們完全理解目前的局勢。

外交部

1913 年 7 月 20 日

No.35

文件號：893.00/1784

美國代辦致國務卿

[電報—改寫]

美國公使館

北京，1913 年 7 月 24 日

（中國）外交部要求外交使團同意，在那些不涉及領事國民或領事不能及時到達的地方，中國官員可沒有領事的簽證即搜查外國船隻和房屋內的叛亂分子和軍火，也要求由中國人來審判和懲罰那些在戰線上幫助叛亂分子的外國人。外交使館堅持條約權利。

外交使館拒絕了上海商會要求反對在上海周邊 20 英里以內使用武力的兩項請求。

在已要求從袁政府裏辭職後，孫中山被解除了在鐵路委員會裏的職務。唐紹儀也要求袁世凱辭職，袁答覆說，他還會幹下去。

衞理

No.36

文件號：893.00/1790

美國代辦致國務卿

[電報—改寫]

美國公使館

北京，1913 年 7 月 26 日

（中國）外交部要求外交使館將黃興和陳其美驅逐出上海公共租界，

而後者很可能會這樣做。由於上海租界過去未能阻止在那裏策劃的騷亂，它現在正處於不利地位。

我曾主張，從事軍事活動的每一方都不應允許使用租界作為其策劃攻擊的所在地，以免租界因此捲入到敵對衝突當中。

上海領事團已授權發表一項公告，反對所有的麻煩製造者，但如無領事的同意，就不會進行驅逐。他們也宣佈，雙方都不允許在該城市以北駐軍，以威脅租界的安全。

領事懷爾德（Wilder）正確地堅持走司法程式。

南京商業委員會請求副領事吉伯特（Gilbert），當叛亂分子從北部撤退時，由其出面調停，以防止在南京爆發戰爭。我懷疑此種建議的可行性，需要相關的指示。

湖南中美協會也請我提供某種和平使者的服務。對我來說，這是毫無用處的。政府似乎能夠鎮壓叛亂，後者由於得不到南方商業階層的支持，不久必然會垮台。它的唯一目標是袁世凱下台，而這只能由投票來決定。

衛理

No.37

文件號：893.00/1790

國務卿致美國代辦
［電報—改寫］

國務院

華盛頓，1913 年 7 月 28 日

國務院贊同您的觀點，即在此時要堅持嚴格的不干涉政策，您將如此通知領事。

布萊恩

No.38

文件號：893.00/1832

美國代辦致國務卿
［摘錄］

第 947 號

美國公使館

北京，1913 年 7 月 29 日

閣下：自從我 7 月 18 日提交關於（中國）政治的局勢報告以來，中央政府的地位已經大大改善了。……

叛亂分子領導本來期望長江以南的各省都會加入他們，但現在已非常失望。到目前為止，只有 6 個省有這種傾向，而且其中一些還是半心半意地給予支援。這 6 個省是：廣東，福建，江蘇，安徽，江西，湖南。……

如果這些領導人能贏得一些重要的勝利，他們或許能得到更多的支援，但目前的事態卻表明整個運動很快會完全失敗。如果這種預測是正確的話，局勢將會更嚴重。各省與首都之間缺乏和睦，對袁世凱的極端憎恨仍然存在，國家的崩潰並導致外國干涉比以往更迫在眉睫。

此致

衛理

No.39

文件號：893.00/1868

美國代辦致國務卿
［摘錄］

第 963 號

美國公使館

北京，1913 年 8 月 8 日

閣下：繼 7 月 29 日我的第 947 號電報後，我很榮幸地向您彙報，自從那個日期以來，政府在對付叛軍方面總的來說相當成功。……

在（叛亂）主要領導人乘飛機逃逸後，叛亂作為一種有組織的運動可以說是失敗了，但在秩序恢復以前，在那些叛亂的省還會有些戰鬥，地方主義增強了而不是減弱了。政府在政治上比以往處於強勢地位，但直到它能夠控制財政來源前，其地位仍然是危險的。

此致

衛理

No.40

文件號：893.00/1868

美國代辦致國務卿
［摘錄］

第 983 號

美國公使館

北京，1913 年 8 月 22 日

閣下：繼 1913 年 8 月 8 日我的第 963 號電報後，我很榮幸地向您彙報，（中國）政府過去兩週內鎮壓南方某些省份的軍事行動非常成功。……

孫博士，黃興，胡漢民，張繼（Chang Ch'I）都在日本。……

上述事態詳細進展表明，叛亂即將被完全鎮壓。北京仍盛行軍法，幾乎每天都有人被處決。……

此致

衛理

No.41

文件號：893.00/1890

美國代辦致國務卿

[摘錄]

第 984 號

美國公使館

北京，1913 年 8 月 22 日

閣下：本日第 983 號電報，已詳細描述了鎮壓中國南部某些省份叛亂的情況，現在我有幸能評論一下：如果這次叛亂能糾正一個在西方世界明顯相當流行的錯誤印象的話，那麼它也不完全是壞事。這個印象就是：革命的"英雄們"——正如袁大總統喜歡這麼稱呼他們——一直深受中國民眾的喜愛。

1911 年革命的成功主要是由於兩個因素：（1）滿族人的墮落，他們不願為他們的事業奉獻生命；（2）清廷的內閣總理大臣袁世凱對王朝的延續持冷漠態度，不願擴大他在漢口和漢陽的勝利，而想使國人免於內戰的恐懼，條件是南北能統一在以他為大總統的共和國下。畢竟，袁世凱才是共和國的真正締造者。

南方領導人未能認識他們自己的弱點，即使在共和國創建時，他們可以以公眾為代價充實自己的實力，他們也會因無法控制事態的發展而沮喪，他們不斷地嘗試給袁世凱政府製造障礙想使其失敗。

孫博士最近的聲明說，他預測在同外國談判貸款問題後，大總統將調遣部隊南下，叛亂僅是對這種行動的抗議。考慮到他自己在軍隊開始動員很早以前就向大主教和其他人所發佈的反叛言論，這種說法是可笑的。

說這場叛亂是因宋教仁之死進行報復，同樣是毫無根據的。陳其美利用兇手行刺的機會使應桂馨得以安全逃脫，而後者曾為暗殺者提供庇護，暗殺者本人也承認是受僱於他來謀殺宋，沒有甚麼證據比這一點更好地說明陳的行為了。應桂馨這個人也是給內務部洪（Hung）[75]信件的作者，一些人把這些信件看成內閣是這起犯罪的同謀的證據。

1911年革命爆發時，中國的商人階層，由於官員的腐敗已阻礙了他們全部的生機，希望支援這場運動來改善他們的狀況。然而，即便在那時，很多人的支持還不是心甘情願；眾所周知，陳其美及其同夥聲名狼藉，而孫中山和黃興又被看成不切實際。不過，種族情緒還是非常強烈，推翻滿清這個異族王朝的口號，比較容易在大多數中國人心裏引起共鳴。

相反，最近的這場叛亂，卻沒有團結到這麼多的力量。反叛者的口號“武力討袁”沒有得到熱情的回應。即使這個國家有些商人不喜歡袁世凱，但他們知道，貸款對維護政府的運行是絕對必要的，因此贊同貸款協商。……

直到現在，中國最大的問題仍是財政問題。只要那些懷有叛意的領

75　Hung，應指洪述祖（1855－1919），時任內務部秘書。——譯者註。

導人保持他們的地方軍隊並拒絕給北京提供賦稅，北京就會保持虛弱狀態。這些地方稅收會用對政府發動戰爭，這可能會成為北京要求叛亂省份解散軍隊並替換成國家軍隊的最好藉口。叛亂集團的解散和叛軍領導的飛逃使中央政府有可能控制這些叛亂省，從而也控制他們的稅收。如果這種控制得以實現，共和國將比以往更為強大。但這一切都要看大總統如何運用他的勝利。……

憲法委員會（the Constitutional committee）正在起草一部憲法，而這部憲法卻是不切實際的。一些人指出，一個完美理論在運用時將產生困難，這些意見幾乎不為人重視。正在起草的憲法要向國會報告並由國會作最後的決定。屆時大總統或許會要求一些修正，但如果沒有被修正的話，他或許會發現他的政府因受到阻礙而比以前運行起來更為困難。

此致

衛理

No.42

文件號：893.00/1891

美國駐日大使致國務卿

第 1 號

美國大使館

東京，1913 年 8 月 25 日

閣下：我很榮幸地向您彙報，孫中山博士、黃興將軍和胡漢民這些挑起了最近的華南叛亂、被袁世凱懸賞捉拿的人，在本月早些時候已抵達日本。

日本當局最初猶豫是否要給他們提供庇護，但最終決定，因他們是政治犯而非刑事犯，日本允許他們留在這個國家，只要他們不把日本作為發動革命行動的基地。因懷疑那些想要這些人性命的人已跟隨進了日本，日本警員對他們的安全相應地採取最嚴格的措施。即使這些避難者的動向和行蹤已被盡可能隱藏起來，但據說他們目前呆在橫濱和東京。

諾傳孫中山博士或他的同仁打算給美國寫信。

此致

格思里（George W. Guthrie）

No.43

文件號：893.00/1949

美國代辦致國務卿
［摘錄］

第 1006 號

美國公使館

北京，1913 年 9 月 12 日

閣下：我很榮幸地向您彙報中國政局，情況如下：

9 月 1 日，長江流域最後一個叛軍要塞南京城為北方軍隊攻克。

在南京被北方軍隊攻克後的混亂無序當中，三名日本國民遭到殺害。根據吉伯特先生對這一事故的報告，這些人被指控幫助叛軍。由於確有一些日本人幫助和煽動叛亂，這種指控並非毫無道理。然而，其他的報告說，他們遭到了打劫。日本人在此地的描述是，這些人正安全地呆在日本領事館內，突然聽說他們自己的店鋪被打劫了，為了保護自己的財產，他們嘗試返回家裏，在這一過程中遭到張將軍的軍隊射殺。

國務院無疑已得知由於這三名日本人被殺在東京所引起的激動情

緒。反對派似乎已經使用這一事故來攻擊政府。……

可以把三名日本人在南京遭到殺害的事件同其他兩件事聯繫起來。第一件是，8月11日，一名穿制服的日本軍官，西村（Lishimura）陸軍中尉，在漢口附近為北方軍隊逮捕，據稱他被監禁6個小時，在此期間受到了殘酷折磨。……第二個案例是最近發生在山東兗州府（Yenchou Fu），一名穿制服的日本官員已及時提供護照仍遭逮捕和監禁。

日本公使館認為這兩個案例比三名日本人在南京遭到殺害性質更為嚴重。日本政府就所有這些案例所提出的要求，確信並非過分，亦非不合理。這些要求如下：

1、懲治主犯。

2、未能向日本人提供保護的官員應被懲罰。

3、張勳將軍應就此事故向日本領事道歉。

4、受害日本人家庭應給予賠償。

5、中央政府向日本政府道歉。

6、張將軍的部隊列隊前往日本領事館。

對中國政府來說，明智的辦法是馬上同意這些要求，妥善處理好這些容易引發更大麻煩的問題。但也有一些中國官員拒絕答應這些要求，嘗試修改它們。中國人會完全同意第1項要求，然而他們總是會做錯事。如果這些要求不能迅速得到滿足，日本人將無疑會提出更嚴重的要求。已有謠傳他們將會要求延長旅順港和關東半島的租期。

也有要求免去張勳職務的，但不經過戰鬥能否實現此點值得懷疑。

與此同時，日本也派遣幾百名水兵攜帶機關槍前往南京，這支部隊目前正在南京城內保護日本領事和日本國民的財產。

此致

衛理

No.44

文件號：893.001Y9/3

中國代辦致國務卿

中國公使館

華盛頓，1913 年 10 月 6 日

　　先生：我很榮幸地通知您，公使館已收到（中國）外交部的電告，內稱：國會今天已選舉目前的臨時大總統袁世凱為中華民國大總統。該電報還進一步告知，大總統將於 1913 年 10 月 10 日就職。

　　致以最崇高敬意

張康仁

No.45

文件號：893.001Y9/4

中國代辦致國務卿

中國公使館

華盛頓，1913 年 10 月 8 日

　　閣下：我很榮幸地通知您，公使館已收到（中國）外交部的電告，內稱：國會已選舉黎元洪為中華民國副總統。

　　致以最崇高敬意

張康仁

No.46

文件號：893.00/2001

美國代辦致國務卿

美國公使館

北京，1913 年 10 月 8 日

閣下：我很榮幸隨函附上一份由（中國）外交部 1913 年 10 月 7 日發出的照會譯文副本，該照會通知公使館，瑞典、西班牙、比利時、俄羅斯、丹麥、法國、葡萄牙、日本、荷蘭、英國、奧匈、意大利和德國公使已受各國政府之命正式承認中華民國，並且請將此資訊轉達給美國政府。

此致

衛理

［附件—譯文］

中國外交總長致美國代辦

閣下：我很榮幸地告訴您我已同時收到來自瑞典、西班牙、比利時、俄國、丹麥、法國、葡萄牙、日本、荷蘭、英國、奧匈、意大利和德國的公使們的備忘錄，通知我他們收到他們各自政府的指示，一致正式承認中華民國。

我很榮幸地請求您將這份通知轉達給美國政府。

孫寶琦

No.47

文件號：893.00/1951

美國駐瑞士公使致國務卿
[電報─改寫]

美國公使館

伯爾尼，1913 年 10 月 8 日

10 月 8 日瑞士政府承認了中華民國。

斯托瓦爾（Stovall）

No.48

文件號：893.001Y9/8

總統致中國大總統
[電報]

白宮

華盛頓，1913 年 10 月 9 日

　　在閣下作為中華民國的大總統就職典禮這個吉祥的時刻，我就國會對您的信任向閣下表示祝賀，慶賀國會和中國人民選舉出了一位您這樣優秀傑出的紳士擔當這個崇高又光榮的職務。我期望在公平正義的原則和崇高的民主政府的理想指導下，閣下的政府將引導並保證中國的進步，利於她的民眾之和平、幸福和繁榮。我將很高興地同您合作，保持並鞏固兩國之間的友好關係。

伍德羅・威爾遜（Woodrow Wilson）

No.49

文件號：893.00/2006

美國代辦致國務卿

美國公使館

北京，1913 年 10 月 9 日

閣下：我很榮幸隨函附上一份（中國）外交部發來的 10 月 8 日的照會的譯文副本，通知公使館現任臨時副總統黎元洪已被選舉為中華民國副總統，並且要求將此資訊轉達給美國政府。

此致

衛理

［附件—譯文］
中國外交總長致美國代辦

外交部

北京，1913 年 10 月 8 日

先生：我很榮幸地告訴您關於 1913 年 10 月 7 日國會選舉副總統事宜，我已經收到來自國會議長的消息，現任的臨時副總統黎元洪已經被選舉為中華民國的副總統。我有幸請求您將這條消息轉達給美國政府。

孫寶琦

No.50

文件：803.001Y9/8

代理國務卿致駐中國代辦

第 255 號

國務院

華盛頓，1913 年 10 月 10 日

先生：我很榮幸地告訴您，我已收到您本月 6 日的照會，該照會告知國務院，（中國）國會已於那天選舉目前的臨時大總統袁世凱為中華民國大總統，他將於本月 10 日就職。

再次榮幸地表示，總統很高興地給袁世凱閣下發送賀電，我謹此附上副本。

致以崇高敬意

莫爾（J. B. Moore）

No.51

文件號：893.00/2002

美國代辦致國務卿

第 1044 號

美國公使館

北京，1913 年 10 月 10 日

閣下：很榮幸向您報告，本月 8 日下午，中華民國外交總長正式拜訪美國駐華公使館。中國外長表示，他很榮幸地通知我，國際上的其他

大國已經通過他們各自的使領館正式通知中國政府，他們已經準備同中華民國建立正式的外交關係，承認中華民國政府。外交總長進一步強調，雖然中國政府對同時被各國承認感到十分滿意，但是他們不會忘記美國政府是第一個表達與他們友好的國家。因此，他藉此機會正式拜會美國外交使館，代表中國政府，對美國政府在大國中最先承認中華民國這一誠摯的感情表達最真誠的謝意。

我對外長閣下這次正式拜訪的禮貌行為表示感謝，並且指出，由於中美兩個共和國政府在人民所珍視的政治抱負上有相似之處，因此我國政府承認貴國，正是這些對貴國政府抱有極大同情的美國人民的普遍要求的體現。

此致

衛理

No.52

文件號：839.00/2003

美國代辦致國務卿

第 1046 號

美國公使館

北京，1913 年 10 月 11 日

閣下：很榮幸為您附上本月 10 日中國外交部發來的兩份照會譯件。這兩份照會通知美國使館，挪威和瑞士政府正式承認中華民國，並且要求把這一消息告知美國政府。

此致

衛理

﹝附件 1—譯文﹞

中國外交總長致美國代辦

第 472 號

外交部

北京，1913 年 10 月 10 日

閣下：很榮幸告知您，我在 1913 年 10 月 9 日收到了作為挪威代表的英國公使的備忘錄，其中他表示，他已收到來自挪威政府的指示，命令他正式承認中華民國。

孫寶琦

﹝附件 2—譯文﹞

第 473 號

外交部

北京，1913 年 10 月 10 日

閣下：很榮幸告知您，我在 1913 年 10 月 10 日收到了來自瑞士聯邦委員會的電報，其中表示，該委員會已收到瑞士政府的指示，正式承認中華民國。

我希望能將這一消息轉達美國政府。

孫寶琦

No.53

文件號：893.001Y9/5

中華民國大總統致美國總統

[電報]

北京，1913 年 10 月 13 日

　　對於總統閣下對我就職中華民國大總統的祝賀，我表示最誠摯的感謝。中國人民通過國會給予了他們認為適合的信任，使我充分感受到了同他們一樣的巨大責任。令人愉快的是，在履行我的職責時，我一直把美國當作指引我與幫助我的光輝榜樣。並且，我也非常高興地説明，總統閣下對於中國發展進步的希望和期許，以及對中國人民在共和制體制下的和平、幸福和繁榮事業的推動，同我要帶領新政府繼續前進的堅定目標是完全一致的。由於閣下所表示的同情和關心，我希望我們這兩個姊妹共和國能加強友誼和相互諒解，這一希望比以前任何時候都要強烈。而且，對我來説，能與總統閣下一起合作達成此目標是極大的榮幸。

袁世凱

No.54

文件號：893.00/2004

美國代辦致國務卿

[摘錄]

第 1052 號

美國公使館

北京，1913 年 10 月 13 日

閣下：我很榮幸向您報告，選舉出來的中華民國正式大總統的就職典禮於 10 月 10 日在太和殿，也就是滿族人皇宮中最重要的大殿裏舉行。……

這次接待外交使團的各項安排與前朝皇帝接見外交使臣時的情況幾乎一模一樣。……

10 月 10 日早上 9 點鐘的時候，內務部派來的一支騎兵護衛隊出現在公使館，由它護衛着公使館的全部人員前往紫禁城的入口，天安門，又稱南宮門。我們在此下馬車，公使館的主要官員坐着綠色的宮椅，而一般的成員則步行尾隨其後，走了四分之三英里的路到達太和門。在那兒我們受到了典禮大禮官，近來新任外交總長陸徵祥的歡迎，並被引導去了接待室。……

11 點時，我們被引導穿過大廳到達典禮所在的大殿，我們站在大殿東北角，就站在大總統的左邊。典禮中不設座位，所有的人都站着。……大總統在參議院主席、眾議院議長以及保鏢官員的陪同下從北邊的後門進入大殿，登上大殿中央的禮台，禮台上直到最近還擺放着龍椅。龍椅後面的龍壁還在，不過現在被五色旗所覆蓋了。一個侍從官在南向站立的大總統面前擺上一張鋪着紅色絲綢的小桌子。大禮官向大總統呈上誓言，大總統宣讀之。誓言很簡略，翻譯是如下：

余誓以至誠，遵守憲法，執行大總統之職務，謹誓 [76]。

大總統隨後進行了一次演說，演說的譯本謹見附件 [77]。

我很榮幸提請尤其要注意演說中的如下聲明：

本大總統聲明：所有前清政府及中華民國臨時政府與各外國政府所

---

[76] 譯文參考了誓言的原文。——譯者註。

[77] 參見 "袁世凱總統的就職演說"，*Papers relating to the foreign relations of the United States with the annual message of the president transmitted to Congress December 3, 1913*, pp. 82–86. ——原註。

訂條約公約，必應恪守，及前政府與外國公司人民所訂之正當契約，亦當恪守。又各外國人民，在中國按國際契約及國內法律並各項成案成例已享之權利並特權豁免各事，亦切實承認，以聯交誼，而保和平。凡我國民，當知此為國際上當然之理；蓋我有真心和好之證據，乃能以禮往來也 [78]。

這一聲明是根據直到最近選舉之時還沒有承認中華民國的外國政府代表的建議插進去的。而將這一宣言插入其中正是這些政府同意承認中華民國的前提條件。10 月 6 日，也就是選舉那天，中國政府將同意在就職演說中加入這一聲明的承諾函告各位外國政府代表，我在附件中呈上了此照會的副本。

在就職演說結束之後，中華民國的官員們向大總統三鞠躬，大總統亦鞠躬還禮，隨後全場人高喊 "共和國萬歲" 三次。

隨後，大總統退場，中國官員也離開大殿。然後外交使團被引導穿過南邊門道最東邊的出口，通過中央門道返回到禮台的正前方。在那裏我們按照資格輩分安排使團覲見的順序。大總統回來之後領銜公使 [79] 宣讀了一份祝賀頌詞，我隨信附上一份副本以及翻譯。這份頌詞已經被翻譯成中文了，大總統用中文讀了一份答覆詞，並被翻譯成了法文。我很榮幸隨信附上這份答覆詞的英文譯本。

隨後，每個使團的團長拜謁了大總統並依次向他介紹了各位隨員。大總統之後再次退出大殿到保和殿，而外交使團的成員則返回接待室，在那兒還有點心接待。

當我們正忙碌的時候，溥倫親王代表清遜帝向大總統致賀詞。在大總統前往天安門城樓進行閱兵之後，中國政府的高級官員們也向大總統

78　譯文參考了《范位宣言》。—— 譯者註。
79　西班牙公使，帕斯托爾先生。—— 原註。

道賀。我們也被引導前往了天安門。

按照中國人慶祝活動的習慣，這一歷史性事件的慶祝活動持續了三天。各種裝扮與燈飾在 9 日就開始了，一直持續到 11 日晚上。

大總統接到了來自民國所有地區和外國首腦的電報。人民在得知一個永久的政府已經建立起來之後變得似乎放心了一些。許多在 1911 和 1912 逃離北京的家庭現在又回來了。

對政府保證和平局面能力的信心正在不斷高漲，人民希望，現在關於大總統職位的爭吵結束了，政府將有能力將它的注意力轉向鎮壓土匪行為和海盜行徑、建立起一個有效能的行政機構上。

此致

衛理

［附件 1］

中國外交總長致美國代辦

第 463 號

外交部

北京，1913 年 10 月 6 日

照會事准大總統府秘書廳甫開奉大總統諭，十月十日本大總統就職，屆時有宣言書一通內有關於外交一節如下，邇來各國對我態度皆主和平中正，遇事諸多贊助，固徵世界之文明，端感友邦之睦誼，凡我國民，務當深明此義，以開誠佈公鞏固邦交為重，本大總統聲明，所有前清政府及中華民國臨時政府與各外國政府所訂條約協約公約，必應恪守，及前政府與外國公司人民所訂之正當契約，亦當恪守。又各外國人民在中國按國際契約及國內法律並各項成案成例已享之權利並特權豁免各事，亦切實承認，以聯交誼，而保和平等。因奉此查，上開各節係預備宣言書公佈之言，特先行知照，暫時幸勿宣佈相應照會。

貴署公使查照即希轉達

貴國政府可也須至照會者 [80]。

外交部印

[附件 2—譯文]
領銜公使在就職典禮上的致辭

大總統閣下：我很榮幸地代表公使團向閣下當選為中華民國的大總統表示祝賀。

在這個新政權誕生以來的第一次會議上，在這個中國正式的慶祝典禮上，我請求閣下相信，我們希望閣下正式就任大總統或許開啟了中國前所未有的繁榮的新時代。

嚴格遵守條約和慣例不僅是中國繁榮的保證、共和政府穩定的條件，也將保證這個國家同外國合作開發它的資源。

我們都相信，在這種情況下，我們政府同貴政府一直存在的密切關係將會更密切。貴國首腦給予的寶貴支持已向我們表現了善意，我們也很榮幸希望閣下的政府成功，並祝閣下個人幸福安康。

80　譯文摘自《中美往來照會集（1846－1931）》，第 220 頁。——譯者註。

[附件 3—譯文]

大總統的答覆

領銜公使先生：在我就職中華民國大總統的時刻，閣下代表公使團，向我表示了祝賀和良好祝願，希望我就職大總統能揭開中國重新繁榮的序幕。我被這些祝願深深感動了，希望衷心感謝閣下。

公使先生，大家都知道我對條約和既定慣例的態度，這些條約和慣例構成了貴國政府和我的政府友好關係的唯一基礎。我們之間的友好關係，在臨時政府時期已經得以保證，現在不會被打斷。

先生們，大家可以相信，通過我的努力，並且從現在開始我會加倍努力，以便讓那些已經令人愉快地存在的友好和相互信任關係會進一步加強。

我希望，在我在國內實現和平和改善經濟狀況的任務中能得到貴方有價值的合作。在這一點上我絕對相信，相信我們過去的關係會成為我們未來關係的最好的保證。

最後，我希望祝福閣下個人幸福，祝福閣下所光榮代表的國家繁榮。

No.55

文件號：893.001Y9 /10

美國代辦致國務卿

第 1080 號

美國公使館

北京，1913 年 10 月 24 日

閣下：我很榮幸地附上本月 20 日來自中國海軍總長劉冠雄海軍上將

閣下的一份照會副本，10 月 10 日美國軍艦曾在吳淞港（Woosung）同中國官兵相互致敬以慶祝中華民國大總統的就職，該照會對此表示感謝。我很榮幸地建議，所附照會的內容應傳達給海軍部長閣下，這也是劉海軍上將所要求的，我也建議將此副本傳給美國亞洲艦隊指揮官。

　　此致

衛理

［附件—譯文］

中國海軍總長致美國代辦

海軍部

北京，1913 年 10 月 20 日

　　閣下：我很榮幸地通知您，我已收到來自海軍司令辦公室的電報，內稱：10 月 10 日美國軍艦曾在吳淞港（Woosung）同中國官兵相互致敬以慶祝大總統的就職。

　　我希望對這種禮節表示感謝，也希望中美兩國之間的長期友好關係能在將來得以加強。我有幸請您將此電內容轉達給美國政府的海軍部長和亞洲艦隊司令。

　　順致敬意

劉冠雄

No.56

文件號：893.00/1979

美國代辦致國務卿

美國公使館

北京，1913 年 11 月 2 日

河南南部爆發了嚴重的騷亂。土匪焚燒了邳陽（Pi Yang）附近的村莊，而美國的一個基督復臨安息日會正在那裏。我正要求對該會提供保護，鎮壓土匪。

衛理

No.57

文件號：893.00/1993,1995

美國代辦致國務卿

美國公使館

北京，1913 年 11 月 5 日

昨日的官方公報發佈了三項長的大總統令[81]，解散了國民黨，並把其 300 名成員從國會驅逐出去。有些人遭到監禁。黨的名稱以叛逆名義而禁用，在 3 天後任何人使用它都會被當作叛國者而被捕。大總統指控該黨要為最近的叛亂負責，並密謀發動新的叛亂。通過這個行動，大總統阻止了旨在限制其權力的憲法草案的通過。現在國會不夠法定人數，在選出新的成員填補空缺前不可能通過法律。

衛理

---

81 《民初政爭與二次革命》中收錄了兩份文件：《袁世凱解散國民黨令》(1913 年 11 月 4 日）和《袁世凱宣佈國民黨議員助亂證據佈告》，參見該書第 819－832 頁。——譯者註。

No.58

文件號：893.00/2039

美國公使致國務卿
［電報—改寫］

美國公使館

北京，1913 年 12 月 12 日

俄國已決定，即便沒有其他列強的同意，它也將從直隸省撤出所有俄國的軍隊，理由是中國政府已提供了足夠的安全保障。這個舉動令人震驚，因為中國的局勢仍十分不確定，尤其是在內蒙古，許多人認為崩潰已迫在眉睫。

芮恩施（Reinsch）

No.59

文件號：893.00/2041

美國公使致國務卿
［電報—改寫］

美國公使館

北京，1913 年 12 月 16 日

幾乎所有公使，以及中國人自身，都認為撤出軍隊是不成熟的。

芮恩施

No.60

文件號：893.00/2041

國務卿致美國公使

［電報—改寫］

國務院

華盛頓，1913 年 12 月 17 日

本政府不打算在目前撤出或減少駐華北的遠徵軍。

布萊恩

No.61

文件號：893.01/9

美國公使致國務卿

第 51 號

美國公使館

北京，1913 年 12 月 23 日

閣下：

　　我很榮幸將本公使館中文秘書威利斯・R・裴克先生所準備的一份政治形勢備忘錄，以及一些與該主題相關的《北京日報》的剪報等資訊，呈送給國務院。

　　同樣，我也很榮幸附上一份本月 18 日簽署的大總統令的副本 [82]、一份各省都督發給大總統建議延期重開國會以及授權行政會議起草憲法的

82　未刊印。——原註。

電報的副本。

此致

芮恩施

［附件］
關於政治形勢的備忘錄
政治會議（政治會）

1913 年 11 月 26 日，政府公報上公佈了一份大總統令，宣佈將在幾天之內召集政治會議。大總統令規定該會議將按以下的形式組成：

各省所派人員（每省兩人），不日齊集，應再由國務總理舉派二人，各部總長每部舉派一人，法官二人，蒙藏事務局酌量奉派數人。

大總統本人指定了以下人員（名字）。

雖然這是目前談論最多的話題，並且顯然是政治事務進程中一個非常重要的進展，但非常奇怪的是，就這個會議而言，能夠得到的權威資訊非常少。政府公報曾含蓄地暗示會議只會開三天。在上面引述過的 11 月 26 日的大總統令中，能夠得到的一個資訊是，命令中包含了一份大總統指派的 8 個人的名單。12 月 12 日，李經羲（Li Ching-hsi）先生被指定為議長，並且先前大總統指派的人員當中，有兩人被替換掉；而在 12 月 14 日，又任命了一位副議長和一位秘書長。

引人注意的是，大總統本人在同美國公使會談時，否認了政治會議將要取代國會的法律職能的猜想。然而，大總統和內閣建立這樣一個機構的意圖，可以從其向 1913 年 12 月 15 日召開的該會議的致辭中推斷出來。

這份由大總統秘書長梁士詒先生宣讀的大總統致辭中，有如下的要旨：

作為大總統，我相信有必要聽取多數人的建議和想法，所以在首都建立這樣一個政治會議的目的就是與我們的同胞一起，為重建共和而努力。今天，在這裏參會的所有人士，都是從那些中國政府的官員中以及那些曾任職的人員中特別挑選出來的。希望他們將就採取必要的改革的問題向政府提出他們的良策。

在另一份準備在與會人員當中散發的冗長的大總統致辭中，有這樣幾段話，現摘錄如下：

因為你們都是博學多識、閱歷豐富的人士，我相信你們完全有能力幫助政府來規劃它的政策，並且為民眾説話，以便清除政府和民眾之間所有的障礙。

現在，那些要為不受約束的平等和自由而鬥爭的人，心裏面其實並不相信這些學説，他們僅僅是利用它來實施他們的陰謀，從而攪亂這個國家。

另外，"共和"這個詞是一個很好的詞，但是它僅僅意味着民眾有權力了解國家的事務，並不意味着每個人都能在其中插一手。如果所有人都試圖去插手，必定會造成混亂的局面。"民權"只是意味着民眾有選舉權、代表其自身權以及最重要的選舉他們自己的大總統的權力。並不是説，他們有權力來管理政府。

在當前，這個國家裏有太多的理論家，並且他們的大多數學説和建議都不能付諸實施。

大總統的意見的要點似乎是：現在必須要用當前的迫切需要，中國民族的實際能力和中國歷史的教訓來引導政府。他不相信，到目前為止中國所實行的整個一套關於政府的理論能被完全拋棄，並且西方的理念能因此取而代之。

在會議召開當天，總理代表內閣的發言也採用了同樣的口吻：

為了在我們國內實現整頓，我們必須首先要仔細地審視我們國家以往的歷史，以及民眾目前的狀況。

他還向與會人員暗示他們過去在"財政、行政和政府其他部門"的經歷。

對已提及的政治會議所具有的職能和權力，由於缺乏相關的官方言論，我們只能就此從當地的報紙、外國人和中國人中推斷出一個觀點。從報紙上可以了解到，行政的、財政的和其他方面的問題將會提交該會議供其考慮。大總統和內閣大概將會按照達成的決議行事。大總統辦公室將會對遞交的議案嚴格控制。就該會議被指定人士的特點而言，其決議的性質和傾向也許能被相當準確地預測出來。……他們是一些在對同胞的管理中富有經驗，對經典學識過人，並且在清朝時期在權貴當中擁有聲望的人。

大總統在給會議的冗長的致辭中，以及在同美國公使的會談中，都曾用幾乎悲憤的詞語提及目無法紀和腐敗，以及廣東和江西所掩飾的無賴行為和追逐私利，這些省都是明確在"共和"名義下宣佈擁護共和。這些事實是不能被否認的。因此，不奇怪的是，他為自己召集了許多人作為顧問，為其和僅僅在昨天還被認為是有才能的並贏得廣泛尊重的最高官員們服務。參加政治會議的那些成員不是由大總統直接任命的，而是由他指定的人、內閣成員和各省的權威們選出來的，雖然他們的名字在首都相對為人少知，但是他們可能都和大總統一樣，具有相同的特徵。

不管是出於大總統本人的意願，還是作為其顧問團（組成人員的政治前途都完全依賴於大總統的政治前途）的傀儡，大總統正在尋求至少是暫時的絕對權力。這個假設被大多數在華的外國人，當然也被中國人所接受。該假設同時也從大總統的行動中得以證明。昨晚午夜過後（即1913 年 12 月 18），政府公報上登出了一份由該國各省重要官員簽署的一份長電報的副本，電報形容國會是一事無成並且無所作為，因此敦促大總統應向剩餘的議員發放路費，將其遣返回家，等待國會的重新召開。還建議效仿美國歷史上的著名例子，使政治會議成為立憲會議，委託其起草憲法。大總統在一份由內閣所有成員簽名的命令中，要求將這份電報提交給政治會議，供其考慮和彙報。

這份電報以及大總統令的發佈，從內到外都顯示了這是一個精心策劃的政變。對其內部而言這是毫無疑問的，按一位消息靈通的中國人士的說法，曾在黎元洪副總統手下任職的前湖北省民政長、精通文學的饒漢祥先生現在已經被任命為大總統在會議的代表之一。就外部而言，這份電報是由該國各地的軍、民長官和專員簽署的，而這在向電報中所有具名的先生進行應有的諮詢後，幾乎是不能完成的。此外，前幾週發生的所有事情同現在出現的情況是極其契合的。當議會中的國民黨議員被趕走，議會失去效力之時，僅僅為一份該國所有的重要官員發出的電報所擁護的政治會議就登場了。

目前，無論是外國人還是中國人，每個人的想法都是"等待和觀望"。甚至在大多數要在中國實行純粹的共和的狂熱支持者當中，也存在一個共識，即這條道路上有許多困難、當前中國的大部分民眾沒有能力來理解和支持這種形式的政府，並且用一個中國成語來說，在這個"破釜沉舟"的時候，大總統要對政府實行實際的管理，必須要克服巨大的障礙。在所有的可能性當中，針對袁世凱顯然是獨裁的意願出現任何積極的反對之前，將要等待幾個月的時間。所以一位與極端主義者聯繫緊密的人士說，在這個時期過後，將會採取一些措施，這些措施本質上可能是直接地反對大總統本人，並且他們的目的是將他從政治舞台上趕走。

與此同時，有許多人相信袁的行為是出於愛國的目的，他切實地認識到目前唯一能夠聯合混亂的民眾當中相互敵對的派系、能夠"不以任何事情為目的"調和新式的極端主義者和大多數國民的力量，就是建立以他自己為中心的強有力的中央政權。用他自己的話說，該政權將最終能夠為它帶來"永遠真誠的和友好的人際關係，以及弱者和強者之間實質上的和平相處"。

敬呈公使

裴克（Willys R. Peck）

• 貸款談判 [83]

介紹性備註

1912 年 8 月 30 日，中國政府沒能與六國財團達成協議，與後來所知的一個獨立財團克里斯普財團簽署了一筆 £10,000,000 的借款合同，以未抵押的鹽稅收入作擔保，9 月 26 日這一總額中的 £5,000,000 在倫敦市場上發行。這份合同使債權人直到 9 月 30 日開始發行 £5,000,000 的差額，並直到這些發行時，在相同條件的基礎上為另外的借款協商優先權 [84]。

10 月 23 日，六國公使抗議將鹽稅剩餘的收入用於克里斯普借款的抵押，並照會中國政府，由六國財團依據善後借款合同所作總計 £1,800,000 的墊款，在鹽稅收入方面擁有優先索償權。

10 月 25 日，中國政府向各銀行代表表示，願意取消克里斯普借款合同，並重開與六國財團的談判。

11 月 4 日，六國指示在北京的各銀行代表考慮，並同他們各自的公使磋商，在他們看來新的借款甚麼條件是 "必不可少的和切實可行的"。代表們在 6 日報告，同中國當局的談判已經重新開始。

11 月 12 日，各銀行代表通知他們的上級，中國政府已向克里斯普先生請求另一筆 £10,000,000 的借款；他承認他無能力滿足這種請求，據此中國政府告訴他，由於他們認為自己已不受同他約定的約束，他們

83　上接 *Papers relating to the foreign relations of the United States with the annual message of the president transmitted to Congress December 3, 1912*, pp. 87－159. —— 原註。

84　這筆由克里斯普財團承擔的借款，儘管未點出其名，在 *Papers relating to the foreign relations of the United States with the annual message of the president transmitted to Congress December 3, 1912* 第 150 頁 (9 月 11 日公使的電報)、第 152 頁 (9 月 19 日和 25 日的電報)、第 153 頁 (9 月 26 日和 28 日的電報)、第 155 頁 (最後一段) 和第 158 頁 (對 "倫敦辛迪加" 的提及)，提到了此事。—— 原註。

打算從其他地方請求借款。三天以後，代表們宣稱收到了來自國務總理、外交總長和財政總長日期為 11 日的共同署名信件，表示中國政府願意同六國財團而不是其他方面進行談判；此外，彙報了 14 日他們同財政總長會談的情況，其間，總長被告知，來自克里斯普先生的解除中國政府同他所訂立合同的書面承諾，是繼續同六國財團談判的一個必要條件。

12 月 3 日，召開了各銀行家會議；12 月 9 日，他們的代表被告知，在會議之前，了解以下內容是必要的：（1）滿足中國政府到 12 月 31 日為止的緊急需要的最小款額是多少；（2）在 1、2、3 月間，這種款額是多少；（3）並且所需資金的用途是甚麼；（4）克里斯普借款餘額的實際情況。這些內容是會議之前、期間和之後溝通的主要議題，結果是 12 月 21 日銀行家們依據不可抗力條款承諾將在 1 月下旬提供 £2,000,000 的墊款，只要在此之前取消克里斯普借款合同，並同他們簽署借款合同。之後的這項 £25,000,000 借款合同將用於善後目的，但是中國人因此非常反對合同的數項內容。此外，就如以下來自美國公使卡爾罕先生的電報所表明的，對於合同條款，六國公使未達成全體的一致。

No.62

文件號：893.51/1204

美國公使致國務卿[85]
［電報—改寫］

美國公使館

北京，1912 年 12 月 30 日

85　關於這個問題，可見 1912 年 12 月 31 日的電報——"美國公民的對華索賠"。——原註。

在表面趨向達成一致的借款談判中，出現了可能會起阻礙作用的兩個問題。法國人堅持革命期間外國人所遭受到的損失將用借款實收款項進行償還，否則借款不會在巴黎列入上市債券表。財政總長否認他有許可權就這一問題進行談判，並且拒絕接受合同中有關為鹽稅設立外國稽核員和外國監督人的條款。銀行家們將兩個問題提交他們的六位公使處理，今天下午公使們進行了會談。會談提議：由革命造成的索賠總數還未可知；一些毫無疑問是誇大的或是沒有法律依據的；在許多情況下，涉及到責任問題；所提出的借款總數不足以滿足索賠和其他急需。因此，不能期望中國人在這個時候就這一問題作出承諾。最後，法國和日本公使被委派組成一個委員會同外交總長討論這兩個問題，期望就以下方面作出一些安排：認可索賠責任的總的原則；可能任命一個國際委員會在此原則之上作出裁決；在稽核員和監督人問題上，獲得一個對公使們的承諾，在這方面他們的職責和許可權將得到明確說明。如果這項方案取得成功——這是令人懷疑的——那麼建議予以接受以替代借款合同中為此的所有條款。

卡爾罕

No.63

文件號：893.51/1220

倫敦的美國代辦致國務卿
[電報—改寫]

美國大使館

倫敦，1913 年 1 月 7 日

剛剛收到來自外交大臣的以下緊急備忘錄。自從我獲悉幾日內六國集團的代表將在這裏舉行會議，我恭敬地請求您及早表達您的看法。

勞克林（Laughlin）

[**備忘錄**]

英國外交部致美國大使館

美國政府清楚，1912 年 12 月 13 − 14 日在倫敦舉行的六國國際財團代表會議上，考慮了一項出於善後目的向中國借款£25,000,000 的合同草案。

關於如中國財政總長所提議的第 17 條所明確闡述的一定實業在借款價格方面的優先問題，各財團建議從合同草案的該條款中刪去實業借款，宣稱在合同第 2 條所擬的目標完成之前，僅對政府財政借款享有優先。着眼於這個目的，財團進一步建議，除了像以往合同中那樣有一條總的優先權條款外，應嵌入下述內容：

在目前£25,000,000 借款發放之後為期兩年內，如果中國政府出於本合同第 2 條中所明確闡述的目的，或者其他方面的政府財政借款，繼續發行補充借款，六國財團將以零回扣並低於目前借款的平均價格被賦予優先權，這種優先權在未來較長一段時期內甚至適用於有關以鹽稅作擔保的將來的借款。無論如何，不經六國財團應允，中國政府在目前借款發放後六個月的時間裏不能繼續發行任何其他的政府借款，或者是中國政府擔保的實業借款。

在北京的財團代表報告說，在答覆這些建議時，財政總長拒絕任何時間上的限制，但打算接受下述條款：

如果中國政府希望進一步發行以鹽稅作擔保的借款，或者是出於第 2 條所明確闡述的性質目的的補充借款，將給予各銀行如目前合同一樣價格的回扣。中國政府進一步承諾，在目前借款發放後六個月的時間裏，不經各銀行事先同意，不發行任何其他晚於 1912 年 12 月 1 日議定的借款。

然而，這項約定允許發行 1912 年 12 月 24 日在北京簽署的合同所規定的借款，由比利時公司修建從蘭州到海州的鐵路[86]。這筆借款總額達 £ 10,000,000，是一筆無疑難以從比利時得到、因此不得不從他處獲得的款項，無論如何其中一部分是如此。六國集團中的任何一個背着餘者獲利似乎有失公允，在六個盟國之間，就妥協達成某些諒解似乎是明智的，這種妥協是自去年 7 月 9 日他們發表宣言以來，他們所共同奉行政策的直接結果。

英王陛下政府因此建議，六國政府應予保證，拒絕支持各該國打算為這筆借款墊資的任何國民。這實際上很可能會使合同作廢，並由於將賠償支付問題移交給六國財團，使它成為國際化的借款。

外交部

倫敦，1913 年 1 月 7 日

No.64

文件號：893.51/1220

國務卿致倫敦的美國代辦

[電報—改寫]

國務院

華盛頓，1913 年 1 月 9 日

86　官方稱謂是"1913 年中華民國政府為隴—秦—豫—海鐵路 5 厘一千萬金鎊借款"，建築公司是比國鐵路電車合股公司。合同的文本見編號為 893.51/1419 的文件。—— 原註。

中國借款；您 1 月 7 日的電報。去年 10 月，就比利時鐵路特許權問題向這裏的法國大使館提出看法，提示因為同樣涉及到法國的利益，依據財團間的協議，這應是由六國財團參與的事情。法國大使看上去將此看作是理所當然的事。與此同時，在北京的公使館告知國務院，俄國財團的當地代表，據了解比利時特許權獲得者與之關係緊密，宣稱比利時合同將不會導致與六國財團的衝突，相反各方利益都將納入新的商業冒險之中。國務院未覺察到有任何獨立的美國資本關注這筆借款，並認為任何那樣的關注可能性都是微乎其微的。因此，對於英國政府建議的諒解，國務院更願意保留意見，直到更直接相關的兩國表達他們自己的看法。

諾斯

No.65

文件號：893.51/1246

美國公使致國務卿
［ 電報—改寫 ］

美國公使館

北京，1913 年 1 月 21 日

大總統今日告知我，中國即刻急需資金，而六國財團不會預先墊付，所以他不得不另尋他途。中國年關將至，屆時賬目必須結清。軍隊大半還未付薪。大舉發行的省級債票銷路嚴重不暢，有種相當大的擔心，大總統在沒有資金的情況下可能難以維持大局。

卡爾罕

No.66

文件號：893.51/1253

美國公使致國務卿
[電報—改寫]

美國公使館

北京，1913 年 1 月 23 日

　　如我 12 月 31 日電報所報 [87]，在中國政府與法國和日本公使就損失賠償責任和任命外國顧問達成口頭協定之後，並在等待外交部書面確認該措辭之時，財政總長堅決要求各財團在本月預先墊付 £2,000,000，使政府度過中國新年。依照來自倫敦的指示，在商定發行價格以及六國公使間的談判滿意結束之前，各財團拒絕進行墊款。於是外交部照會六國公使，稱已認可的損失賠償責任限於如軍事行動地區所發生的那種情況；至於任命顧問，當時機到來，將私下告知六國公使他們的姓名、職責和許可權。這未讓公使們感到滿意，法國公使採取了十分挑釁的姿態，稱他的政府不會同意借款，除非合同首先提交徵求他的同意，並且提名法國人任顧問，並由相關各國說明其許可權。他還表示，被任命人的國籍應在數量上同在各國發行的債券比例相稱。接著財政總長照會各財團，稱由於各財團不同意所要求的墊款，他不得不從其他地方獲取款項，從而中斷了談判。英國和德國公使隨即都表示，他們在華的利益巨大，不能因借款泡湯或是因其他財團的干擾遭受危及，他們各自的銀行家已經與中國人聯繫，告知他們說，他們願意提供所要求的墊款，並獨立於財

87　見〝美國公民的對華索賠〞部分，*Papers relating to the foreign relations of the United States with the annual message of the president transmitted to Congress December 3, 1913*, p. 204. —— 原註。

團其他成員之外，準備照現在所談的內容接受合同。

如果這件事使國際財團終結，我建議我們國家立即承認中國政府。

卡爾罕

No.67

文件號：893.51/1253

國務卿致美國公使
[電報—改寫]

國務院

華盛頓，1913 年 1 月 24 日

國務院從美國財團處獲悉，國際財團未被英德銀行家獨自提供擬議的墊款所威脅，而是如果進行了這種墊付，將按四國和六國財團的內部協議所規定的那樣對其他財團的參與敞開大門。

諾斯

No.68

文件號：893.51/1258

美國駐法國大使致國務卿
[電報—改寫]

美國公使館

巴黎，1913 年 1 月 26 日

六國銀行團聲稱，在俄國和日本被准許加入的時候，大家一致表示，中國借款應置於國際共管之下。我被非官方地告知，法國財政部長反對國際共管。我從德國大使那獲悉，他願意向外交部長陳述法國贊同國際共管的重要性，但行動之前要等待來自他的政府的指示。如果接到指示，英國大使也將採取行動。國務院是希望我對一方還是兩方都表示支持呢？

赫里克（Herrick）

No.69

文件號：893.51/1259

美國公使致國務卿
［電報—改寫］

美國公使館

北京，1913 年 1 月 27 日

法國公使已接到指令，撤銷以前給他的指令。所有的財團代表在一封就墊款問題致外交部長的信上簽字，對合同作出了一定程度的修改。

卡爾罕

No.70

文件號：893.51/1259

國務卿致美國公使
［電報—改寫］

國務院

華盛頓，1913 年 1 月 27 日

1 月 27 日您的電報。法國公使得到的新指示改變了他對於聘用外國人以及墊款問題上的立場嗎？

如果表明立場變得必要，在賦予所有相關國家一致行動極端重要性的同時，國務院對此時添入任何新的政治問題感到遺憾，並將對有關諒解的任何確切協議表示滿意，在您和大多數相關國家公使看來，關於外國僱員職責和許可權的這份協定足以確保服務的持續性和有效性。您可以相應採取行動。

諾斯

No.71

文件號：893.51/1258

國務卿致美國駐法國大使
[電報—改寫]

國務院

華盛頓，1913 年 1 月 28 日

1 月 26 日您的電報。

您可以加入您的英國和德國同行，要求法國外交部贊同去年 6 月國務院在巴黎會議上認可承諾的中國善後借款的國際化行動。

諾斯

No.72

文件號：893.51/1264

美國公使致國務卿

[電報—改寫]

美國公使館

北京，1913 年 1 月 29 日

　　1 月 27 日您的電報。除了通過推斷之外，我無法知曉法國公使接到的新指示的性質。公使以前就他接到的堅持須有六名總顧問的指示而向我們釋義以及現在授權他的銀行家在一封答應墊款且顧問限於借款事務的信上簽字的事實，有助於證實他之前接到的指示已被撤銷。此後，他未與他的同行們進行磋商。

卡爾罕

No.73

文件號：893.51/1267

美國駐法國大使致國務卿

[電報—改寫]

美國大使館

巴黎，1913 年 1 月 30 日

　　德國大使聲稱，兩年前已經達成了關於中國借款國際化的協議，強烈要求堅持該協議。我拜見了（法國）外交部長，並提出理由證明，由於國際化使債券對所有財團來說更加容易變現和有價值，並且由於法國財團強烈要求國際化,所以財政部長應當收回他的反對。外交部長最終承認,真實的原因是擔心眾議院為了德國的緣故拒不同意。英國大使對法國背離最初方案主張六名外國顧問表示抗議。我表示,我認為堅持六名外國顧問可能導致借款的失敗。我相信,拒絕的真實動機是俄國。

赫里克

No.74

文件號:893.51/1296

倫敦的美國代表致國務卿

第 2203 號

美國大使館

倫敦,1913 年 1 月 31 日

　　閣下:我有幸隨電文附上一份外交部的備忘錄,在敍述了銀行家會議達成的決議之後,備忘錄聲明英王陛下政府完全贊同它們,樂意得知美國政府是否打算同英國政府就適用於未來由兩國國民向中國政府提供實業借款的擬議條件具體化達成一項協定。

勞克林

[附件—備忘錄]

英國外交部致美國大使館

　　如美國政府無疑認識到的那樣,組成討論中國善後借款的六國集團會議,在本月 10 日和 11 日的會議上,一致同意提交法國財團認可: (a)六國協議第 2 條中的規定將不再適用於實業和鐵路借款,它們將對具備

如六國政府共同同意他們國民進行借款那樣條件的自由競爭開放； (b)
英國財團將聯繫他們的政府請求向其他相關國家政府就在實業借款競爭
方面共同施加於他們國民的限制，依據以下思路提出建議：

（Ⅰ）六國政府應予同意，對於其國民不遵守六國一致同意的條件的
任何借款計劃，不予支持；

（Ⅱ）為了保護投資者，條件中對於本金與利息之償還應規定適當的
擔保；

（Ⅲ）為了防止中國政府不受約束獲取資金，不論是通過存儲或別的
途徑，須對借款實收款項的開支進行監督；

（Ⅳ）借款特許須提交相關公使館核准，除非條件得到履行，否則將
不予核准；

（Ⅴ）詳細的條件由駐北京的各公使館會同當地的財團代表擬定。

英王陛下政府完全贊同由會議達成的上述決議，並將樂意得知美國
政府是否正打算同英國政府就具體化適用於未來由他們的國民向中國政
府提供實業借款的擬議條件達成一項協定。

外交部

1913 年 1 月 29 日

No.75

文件號：893.51/1274

美國公使致國務卿

[電報—改寫]

美國公使館

北京，1913 年 2 月 4 日

今天中國政府就下列任命非正式地照會六國公使：歐森（Oiesen），丹麥人，鹽務稽核所總稽核；龍伯（Rumpf），德國人，稽核外債科科長；羅西（Rossi），意大利人，審計處顧問。據傳第一位被提名是因為良好的品德和優異的能力；第二位是因為被銀行家們所熟知並接受；第三位目前是意大利議會議員，由意大利公使提名。第一個職位對借款的抵押品來說是重要的；第二個職位與借款實收款項的支出相關；第三個職位與借款並不直接相關，但具有普遍的重要性。

六國公使在今晚碰面，我稱中國財政的修復和稅收的增加是最重要的問題，我將接受已作出的提名；或者，鑒於一名德國人已經被提名的情況，我將認可一名法國和一名英國代表就任剩下的兩個職位。如果人選稱職，我並不在乎被提名人的國籍。法國和英國公使自然接受我的意見。俄國公使表示反對，稱他的政府在以鹽稅作擔保的庚子賠款中擁有最大的比例，所以鹽務署中應有權派出其代表。最後，我們一致同意將這些被提名人的國籍問題提交我們各自的政府。請指示。

緊急情況再次顯現，英國人和德國人可能中斷並墊付中國人急需的款項。

卡爾罕

No.76

文件號：893.51/1274

國務卿致美國公使

[電報—改寫]

國務院

華盛頓，1913 年 2 月 4 日

2 月 4 日您的關於顧問們國籍的電報。國務院完全贊同您的立場，並將接受您在會上建議的每一項解決辦法。如果未能達成即刻的安排，為了墊款可能不被延誤，請竭力主張推遲討論提名問題。俄國人的主張看上去是不合時宜且毫無道理的。

諾克斯

No.77

文件號：893.51/1278

英國大使致國務卿

英國大使館
華盛頓，1913 年 2 月 5 日

閣下：如您無疑意識到的，北京的六國公使在 2 月 4 日舉行的會談中，我猜想，一致同意把中國政府的外國顧問名額分配提議提交他們的政府。依據這份提議，國債科長將為德國人；鹽務總稽核為英國人；審計和賬目處兩名副辦，一名為法國人，另一名為俄國人。

英王陛下政府贊同這項安排，已將此告知在北京的英王陛下公使。我奉命表達，希望貴政府也樂予贊同，並且您能夠相應儘早通知在北京的美國代表。行動的時間非常短暫，因為我認為如果到中國新年（2 月 6 日）未達成一項決議，中國政府將被迫從別處尋求財政援助。

布賴斯

No.78

文件號：893.51/1278

國務院致英國大使館

〔 當 1913 年 2 月 5 日英國大使館的珀西勳爵遞交照會的時候，交給了他一份進一步確定在遠東事務司向他所做的口頭聲明的備忘錄 〕

北京的美國公使昨晚被告知，國務院將接受由中國人作出的那三個提名，或者作為替代建議，一名英國人、一名德國人和一名法國人將被提名擬議中的三個職位。

國務院不贊同審計處設兩名顧問 —— 一名法國人和一名俄國人 —— 具備相同職銜和許可權的建議。國務院同樣指示卡爾罕閣下，如果一項即刻的安排無法達成，為墊款不被延誤，他將竭力主張推遲討論提名問題。

No.79

文件號：893.51/1282

美國公使致國務卿
〔 電報—改寫 〕

美國公使館

北京，1913 年 2 月 9 日

形勢未發生變化。銀行家們無任何舉動。公使們保持緘默，顯然在等待指示。中國人收到了克里斯浦借款£750,000，定在 2 月 15 日但提前支付。這解了燃眉之急。2 月 4 日會談之前，獲悉中國人要提名丹麥人和德國人。公使們和銀行家們同樣在期待這樣的動作。過去的一兩天裏，我注意到了英國公使的變化，他表現出更願意被提名人是來自作出借款國家的國民，因為對後者來說有必要在借款方面獲得相關公使館的直接支持。他目前的態度明顯與法國人和俄國人保持一致。德國公使私下稱，如果英國人把海關和鹽務都佔據，將給他們帶來過度的影響力；他也懷疑法國人和俄國人的目的是竭力推動出現不可避免地同中國人決裂的形勢，從而解散國際財團；英國人、法國人和俄國人將排斥德國人和美國人建立新的聯合，但允許日本人緊隨身後。形勢中的許多東西證明了這樣的看法是有道理的，一場可能或不可能在此處反映的大外交競賽正在上演。

卡爾罕

No.80

文件號：893.51/1337

國務卿致美國駐法國大使
［電報—改寫］

國務院

華盛頓，1913 年 2 月 9 日

查明（法國）外交部對於中國借款問題狀況有何消息。以前的報告指出，在北京的談判因外國顧問的任命而陷入僵局。本政府願意接受由中國政府所作出的那三個提名，或者是單獨來自借款國的被提名人，但是認為首要的是達成一項即刻的安排。

給倫敦和柏林復發了該電文。

諾斯

No.81

文件號：893.51/1282

國務卿致美國公使
[電報—改寫]

國務院
華盛頓，1913 年 2 月 10 日

2 月 9 日您的電報。

2 月 5 日，英國大使館照會國務院，英國政府同意外國顧問的任命安排並要求本國政府也予以贊同，照此國債科長為德國人，鹽務總稽核為英國人，兩名審計處副辦為法國人和俄國人。在答覆時，大使館被口頭告知了國務院 2 月 4 日給您的指示。

此處的意大利大使館也進行了詢問並被告知了我們的立場。除此之外，在本國與他國政府之間未有意見交換，但國務院就借款問題的狀況於 2 月 9 日在倫敦、巴黎和柏林進行了詢問。

如何致力於實現這個問題的即刻安排，國務院看作是首要之事，您要記住國務院 1 月 27 日下發的總的指示，在那方面，這件事大體上有賴於您的慎重。

諾斯

No.82

文件號：893.51/1337b

國務卿致美國駐法國大使
[電報—改寫—備忘錄]

國務院

華盛頓，1913 年 2 月 10 日，下午 6 時

立即將以下備忘錄通知您所被委派的國家政府：

美國政府對耗費了如此多時間和精力的中國善後借款談判，恰好在它們成功完成的前夕，被出現的一個新的和未意料到的純粹政治問題所威脅，感到十分遺憾。如已經聲明的，本政府為了該問題早日解決着想，已願意接受與借款相聯繫的外國顧問要麼為中國政府作出的提名，要麼為來自借款國的被提名人。然而，鑒於來自借款國關於被提名人問題出現的困難，以及剛接到的中國人不願意接受對所提議的方案做廣泛變動的情報，美國政府建議，作為一種妥協性的解決之道，應接受中國政府對鹽務總稽核（一名丹麥人）和國債局科長（一名德國人）的最初提名，相關政府提議第三個職位，審計處總辦為一名法國人。美國政府表明，儘管美國財團將立足自身發行借款中屬於他們的全部份額，但在此問題上，美國付出如此之多卻無權利要求，覺得被提名人還是依據效率而不是國籍作出更可取。但是，如果顧問數量增加超出了最初考慮的三人，本政府不得不依據六國協議的條款為其國民的利益保留所有的權利及給他們所帶來的特權。

為同樣的行動，給倫敦、柏林和聖彼德堡復發了該電文。出於提供資訊的目的，發給東京的同樣電文復發給了北京。

諾斯

No.83

文件號：893.51/1284

美國公使致國務卿
［電報—改寫］

美國公使館

北京，1913 年 2 月 10 日，晚上 10 時

　　目前法國公使主張以來自借款國的四位國民作為被提名人，包括兩名審計顧問，如我 2 月 4 日的電報所報告的，來替代他之前主張的六名總顧問。他顯然預計在不久的將來會出現外國介入，在那種情況下，被提名的顧問們將組成國際委員會支配中國的事務。在 2 月 4 日的會談中，他提議包括美國人在內的全面的雙人任命，但是我持 2 月 4 日我電報中所報告的立場，拒絕支持他的提議。我稱，在借款人員任命方面，我不要求擁有代表權。日本人說，如果同行們在另一個部門的顧問問題上給予他道義上的支持，他將支持提議，理論上美國人不想要代表權。今天，作出了關於法國和俄國審計員及英國人和德國人任命的提議。我確切地獲知，中國人決不會同意所提議的變動。這可能會導致談判和國際財團終止。在那種情況下，我覺得我持原有的立場更可取，但是，如果其他公使與法國公使一致主張四位被提名人，我要支持他們嗎？或者，無論我支援與否，需要我告知同行們，我為美國顧問保留像日本人那樣在其他部門的權利以維護美國的利益嗎？

卡爾罕

No.84

文件號：893.51/1287

美國駐法國大使致國務卿

[電報—改寫]

美國大使館

巴黎，1913 年 2 月 10 日，晚上 10 時

2 月 9 日您的電報。我從外交部獲悉，對四位外國顧問提議的答覆應該是：一名英國人任鹽務總稽核；一名德國人在稽核外債科；一名法國人和一名俄國人在審計處。今天德國照會法國，希望他的顧問任鹽務總稽核。外交部認為這是德國與英國之間的問題。依我看，目前存在的困難看上去不會使借款受到威脅而中斷。

赫里克

No.85

文件號：893.51/1288

美國駐德國大使致國務卿

[電報—改寫]

美國大使館

柏林，1913 年 2 月 11 日，晚上 10 時

德國政府對中國人的提議十分滿意，但是表示願意接受法國的相反建議。一收到對德國建議的答覆，將進一步告知。

萊西曼（Leishman）

No.86

文件號：893.51/1289

美國公使致國務卿

［電報—改寫］

美國公使館

北京，1913 年 2 月 11 日，晚上 7 時

　　德國公使奉命要求英國公使在鹽務管理方面贊同一名德國人出任。當被要求時，英國人迴避直接答覆。我稱，如果其他人同意，我將贊同。

卡爾罕

No.87

文件號：893.51/1294

美國駐德國大使致國務卿

［電報—改寫］

美國大使館

柏林，1913 年 2 月 12 日，下午 4 時

　　您 2 月 10 日下午 6 時的電報，我昨晚才收到。德國外交部對國務院備忘錄中所包含的妥協性建議表示同情，但是傾向於認為在目前的情況下，最保險的辦法是敦促六國集團接受中國人的提議。這個觀點明顯得到了英國人的支持，但他們與其法國朋友一樣很不幸地因協約和同盟關係不得不支持與他們自己想法截然相反的建議。俄國人着眼於推動自己的政治方案，無疑對目前的複雜情況負有責任，並毫無疑問樂於見到六

國財團解散，因為其擔心錢款可能被用來增強中國在蒙古的地位，在作出獨立借款的前夕，再次出現關於中國的持續不斷的謠言。德國外交部，依據英國大使的建議採取行動，英國政府剛剛拒絕接受德國對法國提議的修改，詢問我們政府是否願意出於友好的考慮在贊同一名法國人擔任幣制改革顧問的問題上袖手旁觀，這可能會使六國財團接受中國的提議變得更容易。我答覆，對我來說，允許引入任何可能導致問題進一步複雜化的新題材似乎都是危險的，並且甚至拒絕將這樣的建議遞送國務院。但是，我補充到，如果德意志帝國外交部今後向我保證六國財團全體一致且明確無誤地同意接受中國人的建議，儘管有美國政府同意任命一名法國人為幣制改革顧問的單獨條款，我會將那份方案提交國務院。我請求進一步的指示。

萊西曼

No.88

文件號：893.51/1293

倫敦的美國代辦致國務卿
［電報—改寫］

美國大使館
倫敦，1913 年 2 月 12 日，下午 5 時

今天提交的備忘錄。我冒昧說一句，無論是以何種建議的方式解決，外交部似乎都完全贊成您對於解決借款領域代表權問題的觀點。

勞克林

No.89

文件號：893.51/1295

美國駐德國大使致國務卿
［電報—改寫］

美國大使館

柏林，1913 年 2 月 12 日，晚上 8 時

2 月 10 日下午 6 時國務院的電報。德國外交部已決定採納國務院的妥協性建議，並向六國集團的其他成員國建議，只要中國政府願意以一名法國人替代審計處的意大利人，將接受中國人的提議。

萊西曼

No.90

文件號：893.51/1311

美國駐法國大使致國務卿
［摘錄］

第 273 號

美國大使館

巴黎，1913 年 2 月 14 日

閣下：關於本月 10 日下午 6 時要求即刻遞送法國政府的國務院電報，其包含了一份有關中國政府在擬議中的國際借款問題上任命外國顧問的備忘錄。我有幸隨電報附上一份外交部所做答覆的副本。

此致

赫里克

［附件—譯文］

外交部

巴黎，1913 年 2 月 12 日

在昨日（即 2 月 11 日）的一份照會中，美國大使樂意公開他這樣的觀點，從美國政府的立場出發，出於推動議定中國善後借款的目的，接受中國政府有保留地提議的三位顧問，前兩位分別是一名丹麥人和一名德國人，第三位應是一名法國人，將是有助益的。顧問人數的增加將促使美國政府代表其國民提出參與其中的權利主張。

法國政府，並不尋求排他性的利益並且決不會停止在六國一致及顧及全體利益的基礎上對待中國的借款問題，也就是說，條件是應從中國方面獲得對於債權人真實的保障和借款償還的有效監督保證，儘管已經打算接受任何無損此事價值的解決辦法，但不會改變立場。

為了獲得各國一致要求的保證和監督，由各國和中國一致同意外國顧問的任命，以及他們的許可權在一份沒有爭議的協議中明確規定，是充分必要的。另一方面，這是符合邏輯的，顧問們應具有借款方國籍，並且為了防止六國間出現分歧，充任的職數應是六人，中國政府多次表明樂意贊同。如果六國公使在沒有預先討論六個職位分配的情況下，在這些十分簡單的原則基礎上達成一項協議，那麼中國政府會很快予以接受，因為在現實中他要在國際財團之外獲得急需的資金是不可能做到的。

承認中國政府有權選擇和任命顧問，不論勝任與否，對於他們的許可權未採取任何明確的保證，實際上等同於六國政策的失敗。

重要的原則一旦確立，法國政府贊同並繼續打算贊同可能提議的任何人員組合。

最新的提議，由美國駐北京公使提出，在於向中國政府建議顧問們應具有借款國國籍（中立國國民並非更勝任且不大能夠強迫中國遵守他所作出的保證）；由財團拿出的協議意味着任命三名與借款相關的顧問，這些顧問將按照借款發行份額的順序進行選擇，也就是説：法國、英國、德國；不言而喻，公使們以後將力圖從中國政府獲得其他三個相關部門的顧問職位，依照可能作出的提議，職位將按順序分配給美國、俄國和日本。

美國的建議被其他相關五國附帶修訂條款所接受，即第四名顧問應被要求代表俄國，其援引中國政府在 1895 年借款中作出的正式承諾。就此達成一致的六國公使向他們的政府提交了報告；英國、法國、日本和俄國政府已經接受了分配方案（一名英國人在鹽務署，一名德國人在稽核外債科，一名法國人和一名俄國人在審計處）；德國政府表示希望讓德國顧問在鹽務署而不是在稽核外債科，這是英國和德國這兩個相關國家通過彼此協議作出安排的問題。

如果美國政府也同意上述提議，在北京的六國公使能夠即刻與中國繼續中斷的預備性談判，並從中國獲得對抵押和償還的監督，從金融和政治的角度看，這兩樣構成了善後借款必不可少的條件。

No.91

文件號：893.51/1301

美國駐俄國大使致國務卿
［電報—改寫—備忘錄］

美國大使館

聖彼德堡，1913 年 2 月 15 日，下午 4 時

2 月 10 日下午 6 時國務院的電報。外交部答覆如下：

通過 1 月 30 日和 2 月 12 日的備忘錄，美國大使館向帝國政府建

議，作為一種妥協，依據與善後借款有關的協定，被任命的在中國的外國顧問人數應當限制在三人，鹽務署的職位應給予一名丹麥人，稽核外債科中的職位給予一名德國人，審計處的職位給予一名法國人。

在所有同中國善後借款相關的談判中，俄國政府一直在考慮對中國的財政建立起一種監督，目前這方面處於一種混亂的狀態。俄國在中國的巨大利益以及作為該國主要債權人之一的角色，完全證明我們在這個問題上採取的立場是有正當理由的。

顯然，這樣的監督會是有效和成功的，只要負責於此的外國顧問們是由相關國家任命，而不是由中國政府所任命——它總是懂得如何在目前事務中使外國職員喪失其工作中的所有影響力。另一方面，在俄國擔保的 1895 年借款達成時，中國政府告知俄國政府，它不會給予其他任何國家與中國財政監督相關的權利和特權，或者是運用這些權利，如果這些權利不能同樣給予俄國（1895 年 6 月 24 日和 7 月 6 日的聖彼德堡宣言；第 4 條）。帝國政府因此看不出存在放棄由該宣言所保證權利的任何理由，即在中國財政管理之中應有一名俄國顧問，如果其他國家的代表參與其中的話。

出於這些考慮，俄國政府承諾支持北京相關國家公使會議通過的由他們法國同行倡議的方案，大意是四名在中國的外國顧問的任命應堅持，一名俄國人和一名法國人應當在審計處，將鹽務局署、稽核外債科的顧問選擇權分別留給英國和德國。

帝國政府毫不懷疑，如果相關各國在向中國提交這份人員組合方案上彼此間達成一致意見，中國政府——它的資金困難正時刻增加——將難以迴避外國對其借款抵押和資金支付的監督。出於中國債權人以及俄國自身的利益考慮，這樣做的必要性應一致得到認可。

延期償還加上"放棄庚子賠款"能作為為此目的向中國施壓的手段，例如各國可以要求中國在六國集團之外議定的任何借款應首先用於償還這些欠款;他們可以向中國政府提議,只有同意任命這些向它建議的顧問,才能延期償還賠款。

要我詢問是否根據上述備忘錄暗示了俄國將反對來自全部六國的顧問之一應是美國人嗎?

吉爾德(Guild)

No.92

文件號:893.51/1301

國務卿致美國駐俄國大使
[電報—改寫]

國務院

華盛頓,1913 年 2 月 17 日,下午 5 時

您不必提出在您 2 月 15 日下午 4 時電報中您所建議的問題。

諾斯

No.93

文件號:893.51/1303

美國公使致國務卿
[電報—改寫]

美國公使館

北京,1913 年 2 月 17 日,晚上 10 時

在今日的六國公使會議上,除了德國公使和我自己以外,所有人顯

示出奉命支援英國人為鹽務總稽核，德國人為借款科長，法國人和俄國人為審計顧問。法國公使說他的政府希望將幣制改革增加為法國審計顧問的職責。英國公使認為不宜在目前堅持這項請求。法國公使從那時起撤銷了請求。德國公使，在被迫表態是否贊同這四個任命時，表示除了用法國人替代意大利人外，他的政府贊同中國所做的安排。他沒有得到除此之外的指示。我被要求表達我的立場時，我回答到，我把借款只當作是一筆金融業務；我贊成中國作出的任命，但由於後者不滿意我的同行們，我提出了在我2月4日電報中所報告的替代性建議，並且我仍然這麼堅持。當他們試圖為其他國民設立額外的職位時，這給借款賦予了政治性，我為此感到十分遺憾。我不打算說明我的政府會持怎樣的態度。我進一步談到，因為他們正為可能的政治上的迫切需要設立職位，我為我國政府保留代表參與其中的權利，如果他想同樣這麼去做的話。他們都表示同意。法國公使表示，他已從中國人那獲得保證，他們將接受待定的提議；英國和日本公使予以了證實。從這件事可以明顯看出，各國同意以這項提議作為依據。英國人已經背棄了德國人，站到了俄國人和法國人一邊，並把日本人也帶了過去。德國人可能會加入其中。我是贊成還是反對以上提到的任何任命？

我們面臨一定加入還是撤出國際財團的形勢。在同意加入上，我只是受拯救中國願望的支配。它的政治形勢是糟糕的，並威脅到了國家的安寧。我相信，其他公使會認為某種形式的介入是必要的。這項借款可以拯救這個國家。

卡爾罕

No.94

文件號：893.51/1303

國務卿致美國公使

[電報—改寫]

國務院

華盛頓，1913 年 2 月 17 日，下午 6 時

您可以按照您 2 月 17 日晚上 10 時電報中所闡述的理解去表示贊同，即所提議的安排對您的同行們來説是令人滿意的，中國人已經表示他們願意予以接受，借款對於中國來説是極其重要的，並且您已經對於本國政府及其國民的權利作出了所有必要的保留。

諾斯

No.95

文件號：893.51/1303

國務卿致美國駐德國大使

[電報—改寫]

國務院

華盛頓，1913 年 2 月 17 日，下午 6 時

通知外交部長，本國政府，在其最近與中國借款相聯繫的有關外國顧問的妥協性建議問題上，除了德國政府之外沒有獲得支持，在對來自它在北京公使談判重新開始的緊急陳述的答覆中，授權他贊同四名顧問的提議，這已經得到了除德國公使外的他的同行們的認可，並且中國人已經表示了他們願意予以接受。

諾斯

No.96

文件號：893.51/1306

國務卿致意大利大使

［備忘錄］

　　國務院注意到了意大利政府在 2 月 16 日備忘錄中所傳達的提議[88]，在支援路易吉·羅西先生被提名為中國所聘用的與善後借款相關的外國顧問之一的問題上，聯邦政府予以合作。意大利大使館表示，俄國政府將願意支持該提名，並且同時進一步表達了這樣的觀點，提名一位來自與六國借款不相關國家的代表，看上去為改善中國財政狀況的工作提供了一個重要的公正保障。

　　如果目前的形勢允許對其作出支持性考慮，國務院將非常樂意給予此項提議最富同情性的考慮。在聘用與善後借款相關的外國人員的討論之初，美國政府表示對最初的中國提議感到滿意，即提名一名丹麥人、一名德國人和一名意大利人。然而，遺憾地發現，由於不同政府間的權利衝突，這項方案遭遇到了困難，因此不幸地給事態注入了半政治性的動機，造成屢次延誤。最近，討論進行得十分迅速，提出了許多反建議。在保留上述各點中的權利、特別是同任命我國國民相關的那些權利的同時，美國政府表示，在應當不使中國政府因聘用過多的不必要人員和某些其他原因而負擔過重的一定限度內，願意贊同被中國政府所認可並且被借款事務中其他相關國家所接受的任何決議。

　　由於採取這種立場並迄今為止未堅持要聘用一個它自己的國民，意大利政府將不難察覺，美國政府在這個關頭對於聘用一個任何其他國家的國民不能很好地表明看法，並因此冒參與一場冗長討論的風險，已經

88　未印出。——原註。

遺憾地看到討論被引入到這樣的處境，最嚮往的東西是達成借款，它被期望將對中國和在中國有商業利益的所有其他國家的利益一樣都有助益。

國務院

華盛頓，1913 年 2 月 18 日

No.97

文件號：893.51/1340

俄國大使致國務卿

［1913 年 2 月 19 日俄國大使遞交國務卿的備忘錄］

中國政府已照會參與借款的在北京的六國財團代表，它打算選聘以下與善後借款相關的外國顧問：鹽務署，丹麥人歐森；審計處，意大利人羅西；稽核外債科，德國人龍伯。

但是，這項提議沒有獲得相關六國公使的一致贊同，他們決定向他們各自政府建議以下方案：一名英國人任職鹽務署；一名德國人任職稽核外債科；審計處設置兩名顧問：一名俄國人和一名法國人，賦予相同的權利；並且通過在鹽務署任命更多的他們各自的國民作為地方稽核員以補償俄國和法國。

帝俄政府認為，就其自身的利益而言，由相關六國代表提出的上述方案是令人滿意的，但是在這個意義上向北京的俄國公使發出指示之前，很想知道聯邦政府對於此事的看法。

No.98

文件號：893.51/1339

俄國大使致國務卿

［1913 年 2 月 19 日俄國大使遞交國務卿的備忘錄］

　　帝俄政府認為，對中國財政建立起一種監督符合中國及其債權人的利益，俄國在其間應居突出地位。

　　然而，似乎首要的是，這種監督，出於效率而不僅僅是拘泥於形式，應託付於各國而不是中國政府選擇的外國顧問之手，就如以往經驗所證明的，中國政府會輕易地剝奪這些顧問們所有實際的影響力。

　　此外，1895 年在聖彼德堡簽署的俄中宣言規定，在未給予俄國同樣權利的情況下，中國不應給予任何國家監督其任何財政部門的權利。

　　因此，帝俄政府堅持，俄國國民應被納入將為中華民國效力且已對北京的相關六國代表提出的方案給予支援的外國顧問之列，相關六國代表建議提名四名外國顧問。帝俄政府相信，如果這項方案被所有相關國家贊同，那麼將一定會被中國接受。與此同時，為了阻止中國政府不依據上述監督條件訂立新的借款合同，帝俄政府建議，各國應聲明，由這樣的新借款募集的實際款項將首先用來償還庚子賠款的剩餘部分。

No.99

文件 No.893.51/1342

國務卿致美國公使

［電報—改寫］

國務院

華盛頓，1913 年 2 月 20 日，下午 6 時由於近期這裏不確定的政治和金融狀況，美國財團正認真思量從目前的借款談判中撤出，除非合同不受進一步延誤得到簽署。全面報告可能延誤的原因和早日簽署的前景。

諾斯

No.100

文件號：893.51/1309

美國公使致國務卿
［電報—改寫］

美國公使館

北京，1913 年 2 月 21 日，晚上 7 時

2 月 20 日下午 6 時您的電報。最近的事態發展是 19 日公使們召集會議以聽取德國公使和我關於 2 月 17 日在我電報中所報告的建議方案的答覆。我表示同意 2 月 17 日下午 6 時您電報中所陳述的條件；德國公使說，他奉命支持中國的提名，並對所建議的方案表達強烈的不滿；他認為，德國在此的金融和商業利益要求提供給龍伯更重要的地位，而其現在的職責僅是臨時性的。俄國公使接着提議，在許可權擴大的基礎上給予龍伯長期不變的職位。英國公使贊同並提議設立另一個名為鹽務副總稽核的職位，由一名德國人擔任該職。德國公使對給予他的反建議表示不同意，但稱他將請求明確的指示。今日，他告訴我，他的政府再次與英國政府進行了溝通。每一件事都表明，英國、法國和俄國依照三國協約的路線重新調整了彼此關係，否則英國態度完全轉變無法得到解釋。

至於中國會如何行事，獲得的報告意見不一。如果在沒有徵得臨時

參議院同意的情況下，袁[89]試圖按照外國的修改要求簽訂借款合同，那麼反對聲可能會演變成近似內戰的動亂。我相信，俄國的動機是對中國不友善的，其直接目的在於堅持對蒙古的要求。法國人正同俄國合作，他們一同迫使英國加入其行列。前景是這樣的，早日簽署是不可能有希望的。在我看來，這已不再是一個國際間友好合作以幫助中國的問題，而是有着共同利益的大國為實現他們自身自私的政治目的的一種勾結。

卡爾罕

No.101

文件號：893.51/1309

國務卿致倫敦的美國代辦
［電報—改寫］

國務院

華盛頓，1913 年 2 月 23 日，晚 10 時

國務院獲悉，目前中國借款談判的停滯是由於英國和德國之間關於鹽務顧問重啟討論。立即弄清和報告外交部關於早日簽訂借款前景的看法。

諾斯

89　指袁世凱。——譯者。

No.102

文件號：893.51/1315

倫敦的美國代辦致國務卿

［電報—改寫］

美國大使館

倫敦，1913 年 2 月 24 日，下午 6 時

2 月 23 日晚 10 時您的電報。德國對英國最近的建議還未作出答覆，除非在接下來的幾日裏收到答覆，外交部可能會進行再次溝通。由於德國的態度，外交部似乎今日傾向於把簽訂借款看作可能會不限定地延期。

勞克林

No.103

文件號：893.51/1317

美國駐德國大使致國務卿

［電報—改寫］

美國大使館

柏林，1913 年 2 月 25 日，下午 4 時

2 月 17 日下午 6 時和 2 月 23 日晚 10 時國務院的電報。德國外交部正等待英國政府關於任命德國人為駐上海鹽務副總稽核的答覆，並傾向於把各種建議看作是導致拖延的藉口，目的在於最終在所有部門強力推行外國監督。從北京的德國公使那得到的情報表明，中國政府決不會願意接受法國最初的建議，由此不會接受目前討論之中的擴展建議。已達外交部的報告透露，美國財團最近已決定，如國務院 2 月 10 日下午 6 時

電報中所闡明的那樣不參與分配他們全部的名額。如果屬實，這將十分遺憾，因為這將置政府連同美國銀行團於低人一等的地位。

萊西曼

No.104

文件號：893.51/1340

國務卿致俄國大使
［備忘錄］

在 2 月 19 日呈交國務院的兩份備忘錄中，帝俄政府表示想了解美國政府對於北京六國公使關於與善後借款相聯繫的外國顧問任命建議的看法。根據這項建議安排，鹽務總稽核將是一名英國人，國債局外債科科長將是一名德國人，賬目審計處顧問將是一名德國人和一名法國人。在對帝俄政府將其看法如此徹底和坦誠地置於國務院面前表示感激的同時，本政府樂意聲明，2 月 17 日北京的美國公使已奉命告知他的相關同行們，在應當不使中國政府因聘用過多的不必要人員而負擔過重的一定限度內，本政府同意上述安排，如果這被中國以及他的同行們所接受。本政府也將保留上述各點中的權利，特別是同任命自己國民相關的那些權利。

至於帝俄政府提議的各國應聲明中國議定的任何新借款的收益以及未依據普遍認可的監督條件獲得的收益，應首先用來償還庚子賠款的所有未支付的剩餘部分，本政府只能對此關頭將可能導致達成借款進一步受到延誤的任何新因素引入局勢之中感到遺憾，借款被期望使中國和在中國有著商業利益的所有其他國家一樣受益，因此，在接到其他政府和各財團看法的通知之前，請允許暫不表明觀點。

國務院

華盛頓，1913 年 2 月 26 日

No.105

文件號：893.51/1309

國務卿致美國代辦

國務院

華盛頓，1913 年 2 月 27 日

　　閣下：如公使館 2 月 21 日晚 7 時的電報所反映的那樣，目前北京的形勢對國務院而言似乎需要重新表明觀點以作為您的指引。

　　您以前接到的指示會使您明白，國務院強烈反對公然把政治議題引入到借款談判之中。遵循本政府對中國的一貫政策，它唯一的目的是，在未有過分難堪的情況下協助後者在此關鍵時期為整頓和復興獲取所需的資金。如您充分意識到的，以往的經歷已經表明了美國圍繞着這樣的有着足夠監督保證條款的對華借款的看法，這些保證條款不但是作為一項保護債權人和最終的債票持有人利益的合理措施，而且是作為一項維護中國信用並避免未履行其已變得緊迫的金融義務可能後果的必要手段。然而，國務院一貫堅持，必須讓中國政府自由選擇接受或拒絕依照所建議條件的借款，而且借款談判中美國的相關銀行團也持同樣的觀點。

　　於是，2 月 17 日公使館奉命在那時同意考慮之中的與借款相聯繫的有關外國顧問的提議，條件是，就如同一日期公使館電報所表述的，中國政府已表示接受提議，並且該借款對於中國是極其緊要的。在必要時，您應使您的同行們明白，為維護所有本國國民的利益，本政府在繼續堅決主張它認為是合理且通常的措施的同時，包括對債權人和有效監督支出的足夠保證，不準備參與旨在迫使中國接受目前借款或關於顧問的任何特別提議的強制性舉措。

　　一項關於這個問題的所有信件的細緻評估使國務院相信，借款談判道路上的困難可能不像一些報告自身預測的那麼嚴重。事實恰恰相反，就各國政府而言，仍然處於爭議中的問題好像減少到了鹽務總稽核一個問題上，這個問題單獨存在於英國和德國之間，這兩國政府正認真努力予以解決。有意隱瞞動機的建議和妨礙談判的刻意之舉，在某些報告中被提及，整體看來似乎沒有被對信件的公正檢查所證實。相反，如來自巴黎 90 的函內備忘錄所包含的各國政府立場的聲明，看起來是非常實際的、直言不諱的和有說服力的。因此，在這種情況下，完成這些特別錯綜複雜的談判需要相當的時間是十分可能的，國務院確信，目前正向本政府敞開的唯一堅實道路是堅持已如此審慎採取的立場，並且在等待結果的期間，不時地作出或優點能夠不言自明或如您的公使館提出的這樣的適時建議。

　　致敬

　　　　　　　　　　　　　　　　　　　　　　　　　　　　　諾斯

No.106

文件號：893.51/1326

美國代辦致國務卿
［電報—改寫］

美國公使館

北京，1913 年 2 月 28 日，下午 4 時

2 月 17 日晚 10 時公使館的電報和 2 月 17 日下午 6 時您的答覆。

90　見 2 月 14 日赫里克先生第 273 號電報中的附件，見 *Papers relating to the foreign relations of the United States with the annual message of the president transmitted to Congress December 3, 1913*, pp. 157－158。──譯者註。

昨天，英國公使告訴我，德國政府已作出英國政府肯定拒絕的建議，因為它們與借款無關。公使認為英國政府不會再等待下去，而是會同這樣熱衷參與的財團合作簽訂借款。他稱，當中國政府看到有錢可用時，他們就會接受；葛諾發，已任職於中國的海關，將是俄國的被任命人，中國難以理所當然地反對他。

倘若中國政府接受，我會被授權同意德國人擔任鹽務副總稽核的任命以及在擴大許可權的情況下使德國人擔任稽核外債科科長的職位長期不變的提議嗎？

衛理

No.107

文件號：893.51/1326

國務卿致美國代辦

［電報］

國務院

華盛頓，1913 年 2 月 28 日

2 月 28 日下午 4 時您的電報。是的。

諾斯

No.108（A）

文件號：893.51/1336

美國財團致國務卿

紐約，1913 年 3 月 5 日

閣下：談到最初在國務院請求下本財團開始進行的中國借款談判，以及在它的支持與指導下我們繼續進行談判，如 1913 年 2 月 20 日和 2 月 26 日國務卿的信中所指出的，我們恭敬地懇請您讓我們了解您對於今後進行這些談判的要求。

如果希望召開一次私人會議，我們將安排滿足您樂意預定的任何約會。

我們把提請您注意以下情況作為我們的責任，就如國務院記錄所表明的那樣，目前善後借款談判的狀況已經到了需要儘早地給予關注的程度。

忠實的

司戴德（Willard Straight）

No.108（B）

文件號：893.51/1345

美國駐法國大使致國務卿
[電報—改寫]

美國大使館

巴黎，1913 年 3 月 8 日

在評估中國借款談判的發展過程時，對我而言似乎很明顯的是，隨着國際財團從四國增加為六國，開始出現持續努力解散國際財團的現象，並且只要六國沆瀣一氣，中國將被拒絕在國際金融市場獲得借款。

美國的願望、利益和政策是維護中國的完整和促進它的復興。為了使我們自己擺脫這些拖拉的談判，為了使我們繼續以往的政策，力圖把中國從這種排他性的金融封鎖中解救出來難道不對嗎？

為了實現這種解救，應當毫不延誤地簽訂借款，或者六國集團應當解散，並給予中國從它願意的地方借款的自行決定權。

如果國務院發現能夠成立一個願意援助中國且立即進行借款的新財團，或在美國能夠籌措到足夠的借款，在保留自身在上述各點中所有權利的同時，如果美國向其他五國宣佈借款必須立即簽訂，否則美國將從中撤出，這不將是一個大力援助中國並被其極為感激的善舉嗎？似乎可以肯定，如此舉措將迫使以某種方式產生一項決定。

赫里克

No.109

文件號：893.51/1383

美國代辦致國務卿

第 778 號

美國公使館
北京，1913 年 3 月 17 日

閣下：為了向國務院提供資訊和文件存檔之需要，我有幸附上一份日期為 1913 年 3 月 11 日財政總長致善後借款談判相關六國財團信件的譯文複本。

衛理

中國

［附件—譯文］
中國財政總長致六國財團

財政部

北京，1913 年 3 月 11 日

　　閣下：因中國的財政需求而催生的借款談判，已同各貴財團進行了幾乎一年。在內閣的會議上，經常討論合同的條款，並且滿意地達成了監督準則。除了有關利率和折扣率的變化外，我對此承擔責任，所有的事項已經提交臨時參議院並得到批准。在談判期間，我盡所有可能的手段力求同各財團保持良好的關係。因堅持這種想法，我對各財團提出的要求作出了最大的讓步，希望早日達成一項解決方案，從而能維持住社會秩序和獲得持久的安寧。

　　談判的過程包含了舊曆年年底和新曆年年底在內，在這兩個時節，我處於極為困難的境地，因為所需資金極為迫切。在去年新曆年底，由於相信一種應付緊急情況的方法將會得到臨時參議院的批准，我成功地促使內閣負責把利率從五厘改為五厘半。於是，在 1 月 26 日的來信中，你們又再度聲明，除在倫敦的發行價格及對第十三條的替換外（這些留待討論），合同的條款與 1 月 15 日送來的合同複本並無其他不同之處。你們進一步聲稱，在簽署合同之前，你們必須接到你們公使的通知，說明中國已保證在鹽務署及審計處任命了恰當的外國顧問以及在稽核外債科任命了一名科長，並已與他們訂立了令人滿意的合同等等。我立刻採取行動聘用幹練和才智的人，數量為 3 名，去充任這些職位。我希望，如此十分慎重依照他們的能力挑選的人，不考慮國籍，將肯定會被各財團所接受。但是在 2 月 4 日，當合同都已妥當並且各國財團已同意立刻在合同上簽字並支付墊款時，其他的障礙忽然開始出現，因此你們不能信守你們的諾言。2 月 5 日，我致函你們稱，在簽署合同之前，我保留向其他方面借款的權利。隨後，接到你們的答覆稱，就各國財團而言，為了簽字的一切事情都已準備妥當，我所提到的延誤明顯超出了你們許可權所能控制的範圍，因此你們不能承擔責任。2月6日，我對此答覆稱，我不能為合同範圍以外的任何事情承擔責任，由於難以看到如何能使此事獲得令人滿意的結果，我別無他法，只能到別處獲取如此急需的款項。但是，我仍然未採取行動，希望你們所說的為了簽字的一切事情已準備妥當的話會早日實現。自規定的簽字日期以來，已過去了一個多月。3月3日，我國政府獲悉，六國政府在一次會議上已經決定，關於聘用與借款合同相關的外國人的問題，國籍將是支配性的因素。關於審計處的外國人的數量和職責已經發生了相當大的變化，不是像原先設想的任命一名外國人，而是任命一名俄國人和一名法國人。在談判期間，作出像這樣的對初衷如此重大的改變，是我任何時候都沒有估計到的。

在這次借款談判中，首先是經常性的拖延，其次是合同條款不斷的改變，我被迫處於一種難以想像的困境中。外國報刊絕大部分的報道都是在誹謗我國。外國責備我們沒有償還債務，但是同時他們採取的每一個行動都趨於斷絕我們的供應來源，並且使得我們無法償還債務。外國政府因為我們新的體系未建立起來而責備我們，而他們的行動卻導致阻礙我們籌款，並且不允許我們取得進展。由於這些延誤，我國政府在各個方面蒙受了巨大的損失，並且確實無法再耽擱下去了。

至於這次借款的談判，我深深感激各財團的善意。然而出人意料的是出現了這些障礙，以至於這些現在已經簽署的協議只能是畫餅充飢而無法產生效用。對於狀況事實上到了如你們在2月5日信中所描述的程度，即超出了控制範圍，我感到深深的遺憾。責任因此不能被我方承擔。請因此注意。

謹此致意

周學熙

No.110

文件號：893.51/1356a

代理國務卿致某些美國的外交官 [91]
［電報］

國務院

華盛頓，1913 年 3 月 19 日，晚 9 時

只是為了通知並給予您指導，我援引了下面大總統發表的聲明 [92]：

"我們被告知，在上一屆政府的要求下，某個美國銀行家集團同意參與目前中國政府借款的請求（近 125,000,000 美元）。我國政府希望美國銀行家們一直與其他國家的銀行家們共同分擔，因為它希望美國對中國的善意能以這種切實的方式得到展現，美國的資本應當進入那個偉大的國家，美國應當處於同其他國家分擔同中國實業相關的對外關係發展的所有政治責任的地位。現政府被該銀團問及是否也要求他們參與借款。同政府接洽的銀行家們的代表宣稱，如果政府明確要求這樣去做，他們將繼續依據擬議的合同去尋求他們對於借款的分擔。政府已經拒絕作出這樣的要求，因為它不贊成借款的條件以及被明白告知的其在要求中所涉責任的利害關係"。

"在我們看來，借款的條件近乎觸及到了中國自身的行政獨立，本政府認為不應當，支持這些條件。可以想像，在這些條件下，要求銀行家們去分擔借款責任會以某種不幸的形式走到被迫干涉那個偉大東方國家財政事務、甚至是政治事務的地步，而此刻中國政府的權力意識和它對

91　這封電報是發往巴黎，並附指示重發給倫敦、柏林、聖彼德堡、東京和北京。——原註。
92　1913 年 3 月 18 日，作為 "美國對華政策宣言" 在報刊上發表。——原註。

於民眾的義務正在被喚醒。這些條件不但包括為獲得借款而以特定稅收作為抵押，其中一些稅種是過時且繁重的，而且由外國代理人管理這些稅收。要促成以這種方式獲得和管理的借款，我國政府方需承擔的責任是足夠清楚的，並且它對於治理我國民眾所仰賴的原則是有害的。"

"美國政府，不但願意，而且殷切地希望，在不阻礙其自由發展和破壞其古老準則的前提下，盡一切辦法去援助偉大的中國人民。喚醒中國人民在自由體制之下的責任意識，對我們這代人而言，即使不是最重要，也是最有意義的事情。美國民眾深深贊同這項運動和理想。他們無疑希望並會慷慨參與中國人的開放以及與世界共享中國幾乎未得到開發也許是無可比擬的資源"。

"美國政府熱切地希望將本國與中華民國之間的貿易關係提升到最廣泛和最密切的程度。現政府將敦促並支持必要的立法措施，從而為美國的批發商、製造商、承包商和工程人員提供目前他們正缺乏的銀行業務或其他金融業務方面的便利，否則與其他實業競爭對手比較起來，他們處於一種極其不利的地位。這是本政府的責任。這是本國國民在開發中國方面主要的實質性權益。我們的利益在於開放門戶——一扇友誼和互利的大門。這是我們嚮往進入的唯一之門。"

阿迪

No.111

文件號：893.51/1360

美國財團致國務卿

紐約，1913 年 3 月 19 日

閣下：我們請求進一步確認今日我們的電話會談，其間，國務院通知我們，昨日由總統向報界發表的關於中國借款談判的聲明，將被認為是政府對美國財團於 3 月 5 日致函中所提請求的答覆。關於在這件事上我們未來的處理方式，國務院表達了它的願望。

我們謹隨電文附上一份電報的複本，我們今日將該電報發給了與我們有聯繫的各財團，以及我們在北京的代表以通知中國政府，宣佈我們從六國財團協議中撤出的意圖，並且通知根據協議第 14 條的規定，我們將在明年六月從四國財團協議中撤出。

然而，我們將提請國務院注意這樣的事實，就如你們的記錄所表明的，我們目前對某些交易承擔着義務，這些交易是在國務院敦促下由我們同中國政府達成的，顯著的例子是湖廣鐵路借款合同；根據 1911 年 4 月 15 日簽署的幣制借款合同，在該年 5 月 23 日墊付的 £400,000 中，我們有四分之一的份額；在 1912 年 2 月 28 日、3 月 9 日、5 月 17 日、6 月 12 日和 6 月 18 日給予中國政府的墊款中，我們有六分之一的份額，我們目前持有為此發行的短期國庫券，中國打算從擬議的善後借款的實收款項中予以償還。

在這方面，我們請求您注意這樣的事實，中國政府還未贖回分別在 2 月 28 日和 3 月 9 日到期的六國財團手中持有的短期國庫券，美國財團在其中的份額是——1913 年 2 月 28 日到期的，$237,894.13；1913 年 3 月 9 日到期的，$128,828.84。

由阿迪斯先生建議的電報，包含在 3 月 13 日摩根－葛蘭費爾公司的信件中，其複本連同我們同一日期的信件呈交了國務院 [93]，並在該日發送給了北京。

如我們今日從摩根－葛蘭費爾公司接到的電報所指出的，其複本附在本電文後 [94]，在北京的六國財團代表已經正式致函財政總長，提醒他 2

---

93 未刊印。——原註。
94 未刊印。——原註。

月 28 日和 3 月 9 日到期的債務，並要求得到有關償還安排的及早消息。
在答覆中，財政總長稱，由於善後借款沒有議定，他無力償還，並請求
以年息 7.5 厘延付六個月或一年。

北京的代表們進一步提到，由於財政總長的答覆沒能對於償還安排
給出確切的消息，根據上面提到的 3 月 13 日電報中所含的給他們的指
示，他們已報告各自公使館，中國政府未履行義務，要求各公使館正式
照會中國政府，它的債務過期了。

我們謹此請求，國務院能樂意命令在北京的美國公使同他的同行們
合作，向中國政府提出必要的抗議，以促使此事早日獲得解決。

忠實的

司戴德

［附件 1］

美國財團致摩根－葛蘭費爾公司

紐約，1913 年 3 月 19 日

請將以下內容傳達（告知英國、俄國、日本、法國和德國銀行團代
表）：

"美國總統向報界發表一項聲明如下：

（這裏後接 3 月 19 日代理國務卿致某些外交官電報中援引的聲明；
見前文。）"

鑒於前述美國財團非常遺憾地被迫向其他財團宣佈它從善後借款談
判中完全撤出，我們真誠地相信，我們的舉動決不會損害其他財團的地
位。為了使我們的撤出對他們造成盡可能少的困窘，我們將樂意考慮其
他財團可能提出的有關希望我們參與行動的任何建議。考慮到已經承擔
的義務，我們將委派萬國寶通銀行去開展必要的常規業務。我們相信，

你們會覺察到使我們的行動成為必須的形勢，並且會體察到我們對於中斷同國際財團的聯繫所抱的遺憾，我們如同你們一樣，相信國際財團是儘量為了中國以及我們各個市場中投資者的利益。

在通知英國、法國和德國財團時，請附帶如下說明：

"關於湖廣鐵路和幣制借款，萬國寶通銀行將是我們的代理人。我們推測，考慮到善後借款合同已作出修改，幣制借款將與之合併，但是如果有其他財團願意獨自繼續做下去，我們將樂意鼎力相助。我們將進一步通知你們，就如目前所指出的，我們將在 6 月份通告我們依據四國財團協議中的第十四條撤出該協議的意圖。"

摩根公司

［附件 2—電報］
美國財團致其駐北京的代表

紐約，1913 年 3 月 19 日

今日，我們正將下面的電報發送給其他財團，

［這裏後接附件 1］

通知您的同行們並正式告知中國政府，我們將從善後借款談判中撤出。

摩根公司

No.112

文件號：893.51/1361

日本大使致國務卿
[備忘錄]

　　日本大使注意到了最近出現在報紙上並據説出自白宮的聲明，該聲明公告了美國政府關於中國借款問題的新政策。假定聲明是真實的，那麼美國這樣背棄了在六國當中建立的協調一致的原則，就應正式向所有其他國家加以説明以求得諒解，尤其是要對日本政府説明，因為其是在美國政府的邀請下才加入關於中國善後借款的國際財團的。與此同時，如果日本大使能夠得到美國政府關於該問題看法的闡釋以資參考，他將感到萬分感激。

　　記得六國借款的啟動是因為真誠地希望向中國提供滿足它需求的必要資金，並給予它必要的援助，因最近革命造成的後果，指望政府能夠成功地整頓國家。這樣的援助，旨在滿足中國緊迫的金融需要以及説明中國的秩序恢復和政府權威的建立，已經自然地同承認新共和國問題密切地聯繫在了一起。早在 1912 年 2 月，這個問題已經在日本政府的認真考慮之下，出於所有相關各方的共同利益，那時他們就向美國政府及其他大國指出遵守一致行動原則的可取性 [95]。在這些國家那裏，這項提議贏得讚許和爽快的接受，包括美國，它在 2 月 28 日（27 日）作出答覆 [96]。在隨後的七月和八月間，美國政府和日本政府就同一問題在更大程度上進

95　參見 *Papers relating to the foreign relations of the United States with the annual message of the president transmitted to Congress December 3, 1912*, p. 68. —— 原註。

96　參見 *Papers relating to the foreign relations of the United States with the annual message of the president transmitted to Congress December 3, 1912*, p. 69. —— 原註。

行了書信往來 [97]。不用説，在合適的時機，各國在相互協商的基礎上開始正式承認新共和國。為了尋求那種共識，日本政府期盼一個恰當的時機，使新共和國能得到及早承認，並立即確信，中國的形勢證明各國這樣的舉措是有道理的，他們將樂意同美國政府就與其他相關政府共同採取的措施開展進一步自由而坦誠的交流。考慮到該問題過去的發展歷程，並意識到各國間有益溝通關係的重要性，尤其在承認問題上，衷心地希望美國政府能夠認識到在同日本政府自由交換意見的基礎上，是可以應對目前的形勢的。

日本帝國大使館

華盛頓，1913 年 3 月 24 日

No.113

文件號：893.51/1389

美國代辦致國務卿
［摘錄］

第 792 號

美國公使館

北京，1913 年 3 月 25 日

閣下：……您於 3 月 19 日晚 9 時發出的包含了聲明全文的電報，由於通過巴黎和東京傳送而被耽誤，直到昨天（3 月 24 日）才收到。

與借款相關的六國外交代表會議已經宣佈在明天上午召開，但是鑒

97　參見 *Papers relating to the foreign relations of the United States with the annual message of the president transmitted to Congress December 3, 1912*, pp. 81;85. —— 原註。

於在您電報中傳達的總統聲明，我已告知我的同行們，我將不能夠再進一步參加這些會談。

至於總統和內閣的聲明對於中國人的影響，我有幸附上一份在今天發行的《北京每日新聞》上所刊載的評論複本[98]。

總的來説，中國人對於美國政府的行動感到非常高興。我有幸報告，昨天，在討論其他問題之後，中國大總統對我説：「我十分感激美國政府前些天採取的行動，這將是對我們的巨大幫助。」

此致

衛理

No.114

文件號：893.51/1368A

代理國務卿致總統

國務院

華盛頓，1913 年 3 月 25 日

總統閣下：我有幸隨信附上一份我今天同中國公使會談的備忘錄。我告訴公使，我將非常愉快地把袁世凱大總統信件的重要內容轉達給您，但是我認為，您的意思是，在國務卿返回之前，推遲與在華盛頓的外國代表進行有關您最近聲明的任何討論。

公使表示，他對這種安排感到非常滿意。我從會談得出這樣的印象，在國務卿返回時，公使會請求獲得一個親自向您遞交信件文本的機會。

---

98 評論標題為「美國與六國財團」，並以如下內容結束：「國際財團可能或難以以五國或四國的形式存在下去，但是有一件事至少是肯定的：中國，除了在強迫之下，將決不會在最近各國主張的條件下訂立對外借款合同。此外，如果金融援助最終將在較慷慨條款的基礎上獲得，那麼大多數功勞要歸於威爾遜總統。」──原註。

您恭敬的

阿迪

[附件—備忘錄]

中國公使今天造訪國務院，告訴代理國務卿阿迪先生，他接到袁世凱大總統的特別指示，正式表達中國人民的謝意，以及他們對威爾遜總統在其最近發表的公開聲明中所表明的正義和寬宏大量的感激之情。中國政府相信這是對共和國和中國人民真誠友誼的表達，他們在建立自由制度方面的目標和志向在美國贏得了如此快速的反應。

公使進一步表示中國政府相信，鑒於這項政策，目前兩國之間存在的令人愉快的友誼將進一步得到增強。

國務院

華盛頓，1913 年 3 月 25 日

No.115

文件號：893.51/1360

國務卿致美國財團

國務院

華盛頓，1913 年 3 月 28 日

閣下：作為對您 3 月 19 日善意行為的答覆，總統指示我傳達，考慮到中國正期望從六國借款中獲得資金以償還它的短期債務的這一事實，他認為要求中國立即支付到期的墊款是不公平的，認為考慮支持中國提出的延長六個月的請求是合理的。

鑒於是本政府拒絕繼續前政府提出的要求從而打消了你們參與借款

的指望，並由此導致立即支付要求的提出，政府若此時敦促立即支付或正式提請留意美國金融家們的要求將只會引來批評。本政府肩負的竭力要求公平對待美國債權人的義務是同它要求外國政府公平對待美國人的義務結合在一起的，總統認為，考慮到該問題的所有細節，中國請求六個月的延期不是不合理的。抵押物，可能會增加，不會因延付而減少，並且利息會比你們所要求的長期借款的利息高出兩個百分點。

在按你們的要求採取行動之前，總統將樂意對此建議作出答覆。

忠實的

布賴恩

No.116

文件號：893.51/1366

美國財團致國務卿

紐約，1913 年 3 月 31 日

閣下：我有幸確認收到您 3 月 28 日的來信，作為對我們 19 日信件的答覆。遵從總統的建議，我們今天給摩根－葛蘭費爾公司發送了一封電報，附上其複本，稱美國財團願意接受中國財政總長關於分別在 2 月28 日和 3 月 9 日到期的短期國庫券被准予延期 6 六個月、年息 7.5 厘的請求。

在不損害商業原則的範圍內遵照我們政府的命令是我們的願望，但是我們將強調 3 月 19 日我們信中所指出的情況，即這些墊款，中國政府打算從善後借款實收款項中償還，而這筆錢是美國財團與英國、法國、德國、俄國及日本財團共同提供的。

因此，儘管我們本身願意遵照總統的命令，接受延長這些債務的期限，但我們認為在此事上不允許不顧及我們以前的同行們去採取行動，由於從這些談判中撤出，亦不能強迫他們接受我們自己願意給予的遷就通融。

在您的確認信中，您說，如果允許延長這些短期國庫券的期限，中國政府將提供每年 7.5 厘的利息，或者比已同意的大規模借款利息高 2%。然而，我們提請您留意這樣的事實，五十年期限的借款是按 5.5 厘支付利息，作為銀行家的我們自然期望由賣給公眾的債券所證明，但是，為已經過期的短期國庫券提供 7.5 厘的利息，以及關於利息的支付，就如從北京發送給您的電報並加上我們 19 日的信件所表明的，中國政府目前沒有明確的方案。

忠實的

司戴德

［附件］

美國財團致摩根－葛蘭費爾公司

紐約，1913 年 3 月 31 日

善後；短期國庫券。關於 3 月 19 日您的第二封電報和我們的答覆。總統認為立即償還短期國庫券是不公平的要求，並建議美國財團同意按照財政總長的請求延期六個月。我們因此不可能參與敦促立即償還，必須同意所請求的延付。

No.117

文件號：893.51/1369A

國務卿致英國大使 [99]

國務院

華盛頓，1913 年 4 月 1 日

閣下：我有幸告知閣下，關於外國借款給中國政府而正在進行的談判，美國政府目前所持的立場。不必詳述這些談判開始時所處的形勢，或者它們所經歷的過程。就如您意識到的，四國財團，包括美國在內，在它們各自政府的默許下，就借款問題向中國政府提出要求。後來，其他兩個國家的金融集團加入到談判中來。當現任美國政府在上個月 4 日就任時，這個問題仍處在進行和未決之中。

上個月 10 日，早前在上屆政府的請求下參與談判的美國財團，詢問是否繼續請求美國銀行家予以合作，並宣佈他們無理由繼續談判下去，除非被請求再次這樣去做。

作為對該質詢的回應，總統考慮了借款問題，他的決定被傳達給美國財團並公開告知了本國民眾。在此附上那份聲明的複本 [100]。

美國財團作出了答覆，宣佈他們從北京的談判參與中撤出，內容如下：

我們謹隨電文附上一封電報複本，該電報我們今日發給了與我們有聯繫的各財團，以及我們在北京的代表以通知中國政府，宣佈我們從六國財團協議中撤出的意圖，並且通知根據協議第 14 條的規定，我們將在

99　同樣遞送在華盛頓的法國、俄國、德國和日本大使。——原註。

100　參見 *Papers relating to the foreign relations of the United States with the annual message of the president transmitted to Congress December 3, 1913*, pp. 171－173. ——譯者註。

明年六月從四國財團協議中撤出。

在援引公開的聲明之後，所提到的電報繼續如下：

鑒於前述美國財團非常遺憾地被迫向其他財團宣佈它從善後借款談判中完全撤出，我們真誠地相信，我們的舉動決不會損害其他財團的地位。為了使我們的撤出對他們造成盡可能少的困窘，我們將樂意考慮其他財團可能提出的有關希望我們參與行動的任何建議。考慮到已經承擔的義務，我們將委派萬國寶通銀行去開展必要的常規業務。我們相信，你們會覺察到使我們的行動成為必須的形勢，並且會體察到我們對於中斷同國際財團的聯繫所抱的遺憾，我們如同你們一樣，相信國際財團是儘量為了中國以及我們各個市場中投資者的利益。

在通知英國、法國和德國財團時，請附帶如下説明：

"關於湖廣鐵路和幣制借款，萬國寶通銀行將是我們的代理人。我們推測，考慮到善後借款合同已作出修改，幣制借款將與之合併，但是如果有其他財團願意獨自繼續做下去，我們將樂意鼎力相助。我們將進一步通知你們，就如目前所指出的，我們將在 6 月份通告我們依據四國財團協議中的第十四條撤出該協議的意圖。"

綜上所述，鑒於六國財團和中國政府談判的重要性，為告知貴國政府，使您了解借款問題上的種種事實是恰當的。

致以崇高敬意

布賴恩

No.118

文件號：893.51/1369

美國財團致國務卿

紐約，1913 年 4 月 2 日

　　閣下：為告知您，我謹隨信附上一封我們今日收自摩根－葛蘭費爾公司的電報的複本，作為對我們宣佈從善後借款談判中撤出的電報的答覆，那封電報的複本連同我們 3 月 19 日的信件都呈送給了您。另謹附上我們對摩根－葛蘭費爾公司今日電報答覆的複本，連同我們收自北京的作為對我們電報答覆的電報複本，昨日其複本已經遞交了國務院。

　　忠實的

司戴德

［附件 1］

摩根－葛蘭費爾公司致美國財團

紐約，1913 年 4 月 2 日

　　善後。我們已收到 C. S. 阿迪斯的以下信件：

　　我已把您 3 月 20 日的信件傳遞給了六國財團的其他成員，他們同美國財團一樣對於斷絕夥伴關係感到遺憾，並將盡其所能使美國財團完全撤出的願望得以實現。對美國財團而言，放棄參與善後借款和幣制借款合同似乎不會出現出任何大的困難。然而，依照六國協議，在善後借款發行或取消或已過五年期限之前，不允許任何簽字方退出。因此，在這些情況的任何一種發生之前，看上去美國財團仍受六國協議條款的約束，但是其他五國財團願意選擇信任我們，即美國財團和它的任何單個成員都不會在此時期內就中國業務開始同他們展開競爭。

我們已經非正式地向 C. S. 阿迪斯保證，我們可以確定，美國財團及其成員無意與國際財團的前同行們競爭，但是我們誠期能夠將您對此的確認正式地傳達給他。

［附件 2—電報］

美國財團致摩根－葛蘭費爾公司

紐約，1913 年 4 月 2 日

善後。關於您今日的電報。儘管由於我們無法控制形勢，故從善後借款談判中撤出，但是在協議終止之前，我們同六國協議中的所有其他參與方一樣都將受到該協議條款的約束，並且我們相信，你們會立即告知阿迪斯先生通知其他財團，只要協議繼續有效，美國財團及其任何單個成員都不會考慮從事任何直接或間接同六國協議其他參與方相競爭的中國業務。

我們會很想了解，如果有的話，英國、法國和德國財團希望我們對於幣制借款談判採取怎樣的行動。各財團發行這筆借款的權利被延期至 4 月 14 日，我們設想，除非我們要求進一步延期並被中國政府接受，否則這份涉及償還 £400,000 墊款的合同將失效。我們還要儘快確定迄今為止我們在善後借款和湖廣鐵路借款共同支出賬目中的份額，並從英國、法國和德國財團那獲取與幣制借款相關的因我們而招致他們分擔的支出數額。

[附件 3]

F. H. 麥克尼特致美國財團

北京，1913 年 4 月 2 日

雖然目前強迫支付短期國庫券不是可取的，但是我認為重要的是，鑒於這裏不穩定的政治狀況，它們不應被延期而是應讓其過期，這樣任何時候都是應付的。

No.119

文件號：893.51/1397

美國代辦致國務卿
[電報—改寫]

美國公使館

北京，1913 年 4 月 27 日，上午 10 時

儘管一些參議員聲稱借款必須經由國會批准並威脅抵制各銀行，五國善後借款於今天上午簽字。

衛理

No.120

文件號：893.51/1427

美國代辦致國務卿

第 845 號

美國公使館

北京，1913 年 5 月 6 日

閣下：作為對我 4 月 27 日上午 10 時電報的補充，我有幸報告，善後借款合同，其談判已佔用了一年多時間，5 月 4 日 [101] 星期日凌晨三、四時之間在當地滙豐銀行營業所，由中國政府代表和五國銀行團代表簽署。

借款總額為 £25,000,000，期限為 47 年，年息 5 厘。在第十一年開始分期還本。面向公眾的發行價格將不少於 90%，支付給中國人的總額將不少於 84% [102]。立即支付中國政府 £500,000。

合同規定，一名英國人擔任鹽務總稽核會辦，一名法國人和一名俄國人擔任審計處顧問，一名德國人為稽核外債科科長，一名德國人為駐上海的鹽務副稽核。

第一個提及的職位由丁恩爵士（Sir Richard Dane）充任，他自 1907 年起就擔任印度鹽稅局總稅務司。審計處的俄國顧問是葛諾發先生（Mr. Konovalof），過去幾年任中國海關專員，目前呆在哈爾濱。提名充任審計處擬議職位的法國顧問將是寶道（M. Padoux），一名前法國領事機構的成員，目前級別為全權公使和駐暹羅政府的法律顧問。但是我獲悉，在寶道確定接受任命之前，仍留有一些較小的狀況亟待解決。稽核外債科的德國科長將是中國海關部門的龍伯（Herr Rumpf），在去年六國財團墊付款項的費用期間，他受聘於一個類似的職位。各銀行一提供首期付款，在北京的龍伯就準備上任。駐上海的德國鹽務副稽核還未選定。我私下裏得知，中國人為該職位選定的候選人是柏林帝國銀行的阿諾德先生（Mr. Arnold），他對中國和中文一無所知，也沒有在鹽務部門的任何閱歷。但是中國人稱，他們欣賞他金融方面的經驗。斯泰老（Herr von Strauch），自 1899 年起任職於中國海關部門，目前是駐重慶的海關專員，

101　參見 *Papers relating to the foreign relations of the United States with the annual message of the president transmitted to Congress December 3, 1913*, p. 179. —— 譯者註。

102　即發行的債票按票面價格的 90％發售，中國實得借款數是借款總額的 84％。—— 譯者註。

是這裏德國公使館為該職位推薦的德國人。

在凌晨三時這樣一個不合適的時間簽署借款合同，明顯是由於銀行家們擔心延誤將導致中國同其他銀行締結一筆或多筆借款。據悉，其他幾筆借款正在考慮之中。一筆同奧地利財團或奧－比財團6厘£3,200,000的借款合同已經簽訂；一筆同某些英國銀行£30,000,000的借款合同據說已經草簽。

當與五國借款相關的銀行代表們得知上述提到的最後那筆借款時，立刻開始敦促中國人同他們簽署合同，而且相關政府也向中國官員施加壓力。與此同時，如我1913年4月25日編號827電報所彙報的[103]，財政總長消失了，因擔心被刺殺而隱匿的傳聞開始流行。然而，似乎周先生前往了天津去談判其他借款。據說，在這些借款當中，他同一家美國財團簽署了5厘£6,000,000以葡萄酒和茶葉稅作抵押的借款合同。目前我無法證實這項傳聞。據報，同一美國財團已經為一筆更大數量的借款，即£20,000,000，開始談判。

5月25日星期五晚上，財政總長乘專列回到北京，次日同五國財團繼續談判。當合同行將草簽的時候，他按照要求遞交了一份未償借款的表單，這給銀行家們造成了相當大的震驚，以至於一時間似乎合同不可能簽署。財團代表們對於這份表明財政總長在與他們談判的同時卻與其他銀行締結借款的證據感到非常不滿意。但是，最終財團代表們作出了讓步，草簽了合同。接着作出安排，在那晚的10時正式簽署合同。

新組建的參議院正副議長，都是國民黨黨員，在星期五晚聽説財政總長返回的時候，他們試圖會見袁大總統，但是被告知大總統已經就寢，不能接見他們。這兩位參議院官員接着寫信給大總統和財政總長，對合同提交國會批准之前簽署表示抗議。

103　未刊印。——原註。

次日上午，大總統派他的秘書梁士詒先生，去做參議院兩位主持官員的工作，極力勸說他們不要在完成合同的問題上製造更多的麻煩。梁先生說，借款合同已經簽署，政府正急需資金。還指出，借款合同與已經獲得臨時參議院批准的合同是同等重要的，目前臨時參議院的職責已轉到國會。然而，這並不能使兩位參議員滿意。後來，當提到合同沒有簽署、只是草簽的時候，兩位參議員勃然大怒。他們在晚上 10 時訪問了滙豐銀行大樓，竭力要求銀行家們不要簽署合同，沒有國會的批准，合同是違反憲法的。但是，銀行家們不為這些抗議所動。

此後，參議院正副議長離去，召集一群他們自己政黨的參議員一同返回，進行進一步的抗議。然而，他們被禁止進入銀行，作為預防措施，銀行打電話要求派遣額外的警力。實際上沒有必要採取這樣的行動，因為這些來訪者都是紳士，未攜帶武器，他們沒有製造混亂的意圖和想法。大約在凌晨 3:40，合同簽署，人群散去。

反對派（即國民黨）領導人，立即發電報給他們全國的黨內同志，次日指責政府所謂的違憲行為的電報紛至遝來。這種舉動顯然未對中央政府造成影響。他們看上去準備並願意履行合同的條款。

我獲悉，合同規定立即墊付中國人的 £500,000 還未交付，一個理由是，中國政府已經從奧國或奧－比財團獲得了 $5,000,000 的本地貨幣，並且將再獲得兩筆按週分期支付的同樣數額的借款。財團的代表們擔心這筆 6 厘借款在市面上會被安排在他們自己的 5 厘借款之前，有損於他們的借款，希望達成推遲發行 6 厘借款的諒解。

提出的另一個理由是，五國財團在進行任何諸如此類的墊款之前正等待巴爾幹局勢的結果。

至於南方對於借款的態度，公使館從除了廣州以外的幾個領事館得知，反對之聲似乎只限於反對黨的政治領導人。廣州的總領事發電報稱，借款遭遇了許多官方的反對。

寫完上述內容以後，我秘密獲知，由於五國財團拖延支付首筆£500,000 的借款，中國人已在國際財團之外同英國銀行團的當地代表為£30,000,000 借款繼續進行秘密談判，正如在這封急電中先前所提及。我的消息提供人稱，如果英國銀行能夠立即支付所需的£500,000，中國人不會作出進一步的努力去滿足五國財團所要求的，在五國借款大規模銷售之前暫緩考慮奧國或奧－比借款的條件。

由於南方對借款的反對，以及參眾兩院反對政府未將借款合同提交國會而簽署借款的不當行為，政府樂意有機會背棄五國財團而另覓款項是可能的。

此致

衛理

No.121

文件號：893.51/1434

美國財團致國務卿

紐約，1913 年 6 月 6 日

閣下：為向您提供情報和檔案備份之需要，我謹隨信附上一份今日從萬國寶通銀行收到的信件複本，其援引了一封收自他們倫敦辦事處關於從善後借款實收款項中償還短期國庫券的電報。

忠誠的

司戴德

［附件］

萬國寶通銀行致美國財團代表

紐約，1913 年 6 月 6 日

親愛的先生：

就我們本月 4 日的信件而論，我們謹告知今天上午收到了來自我們倫敦辦事處的下列電文：

北京建議："通知倫敦的摩根－葛蘭費爾公司，關於我們 4 日的電報，'滙豐銀行、德華銀行、東方匯理銀行、華俄道勝銀行和橫濱正金銀行已經電函倫敦的滙豐銀行，所有的短期國庫券外加產生的利息應立即從善後借款的實收款項中償還。'"

忠誠的

格林（H. T. S. Green）

No.122

文件號：893.51/1457

美國代辦致國務卿

第 929 號

美國公使館

北京，1913 年 7 月 11 日

閣下：關於本公使館對於美國資本家和中國政府之間的金融交易應採取的立場，我有幸請求給予指示。

最近，中國要人（官員和其他人士）多次同我接洽，探詢是否有願意向中國政府提供實業或行政借款的美國金融家。

參議院副議長王正廷閣下，一天上午來電稱，對於美國政府的友好立場，中國深表感激；詢問是否存在一些途徑中國能夠回報美國所表達的善意。他暗示可以在一條鐵路線上作出讓步。但是，他沒有提出確切的建議。我提醒他，孫博士的一名代表已訪問美國，並努力引起美國資本家對他鐵路建設方案的關注，但是至今並不很順利。王先生答應過會再打電話，徹底討論此事，但並未這樣做。

兩天前我權威渠道得知，由孫博士提議的最重要鐵路幹線的修建合同已經同一家英國公司寶林公司的代表法倫許勳爵簽訂了。紐約的 J. G. 懷特公司據說也對該合同感興趣，但以何種方式和到何種程度，我目前無法確定。這條鐵路線是連接廣州和四川的重慶，大概穿過礦產資源豐富的貴州省。承包人還有七年的選擇權去將擬議的鐵路線從重慶延伸至甘肅省的蘭州。資金由一筆利息 5 厘的借款提供，以鐵路自身作為抵押。通過一條將資金完全置於外國工程人員控制之下的規定，合同杜絕了資金的挪用。需要從海外進口的物資將在英國採購。合同尚需中國國會的批准，但鑒於是由孫博士簽訂的，相信他的黨，國民黨，會對合同表示支持，並能夠控制通過所需的票數。

兩三天前，一名中國大理院的前法官金法官打電話稱，副總統黎元洪的一名代表在北京，願意同一些打算為重建漢口提供借款的美國資本家接洽。他認為，大約需要兩千萬元（大概是中國貨幣）。抵押物可能是地方稅。去年，這筆借款給了三藩市的大來公司。……金法官進一步提到，盛宣懷先生，前帝國政府的郵傳大臣以及萍鄉煤礦、大冶鐵礦和漢陽鐵廠的主要所有人，急於以這些工廠作抵押募集借款。目前，它們被大量抵押給日本資本家，並且相當多的鐵礦和鐵廠產品以十分接近成本的價格出售給日本。擬議的借款將用來償還這筆債務並改善工廠條件。我詢問是否債權人被允許管理礦山和鐵廠。金法官認為不行，但稱他們將被允許監督賬目。

第三筆盤算中的借款是浙江省以蠶絲稅作抵押尋求的借款。蠶絲生產是該省主要工業之一。萬國寶通銀行北京分行的經理，一名美國人，告訴我，他的銀行拒絕這筆借款是因為它只是出於政治目的，並且認為抵押是不足夠的。

瀋陽的督軍也正尋覓另一筆行政借款。

在與美國商人討論上述提及的借款時，我被問到，美國政府是否將支持這些事業。作為答覆，我提醒諮詢人，真正的美國商業利益一直受到我們政府的保護，公使館的大部分工作包括致力於解決與此商業利益有關的各種困難。我還提到了總統發表的並在您 3 月 19 日晚上 9 時電報中傳達給公使館的聲明，大意是，美國民眾“願意參與，並且十分熱情地參與，中國人的開放以及世界利用中國的幾乎未得到開發且也許是無可比擬的資源”，以及“美國政府熱切地希望將本國與中華民國之間的貿易關係提升到最廣泛和最密切的程度”。同時，總統聲明中所闡明的對於近期善後借款合同的前提條件的反對沒用被忽視 [104]。

我有幸詢問我是否可以作以下理解，國務院不願意公使館鼓勵借款給中國中央或地方政府，以全國性或地方性的稅收作為抵押。

很明顯，美國公民和中國政府之間的金融交易完全不同於個人間或商業公司間的這種交易。當與後者相關的爭執發生時，可以由美國原告將訟案提交中國法院，我們的領事代表有權作為同事列席，保證他們的國民得到公平對待以及條約權利得到維護。如果美國人是被告，那麼美國的領事法院或美國中國事務法院擁有司法權。然而，如果中國政府在它同美國金融家的約定中違約，將有必要佔有如為借款作抵押那樣擔保的稅收，就像總統指出的，這將需要“被迫干涉中國的財政，甚至是政治事務”。

這種可能性甚至眼下即將發生。就我看來，中國正處於破產的邊緣並且難以再避免列強對其財政的國際控制。因此，我預計，國務院不打算支援任何與已在善後借款中表示反對的前提條件相似的借款合同。如

104　參見 *Papers relating to the foreign relations of the United States with the annual message of the president transmitted to Congress December 3, 1913, pp. 170－171.* —— 譯者註。

果在這方面我是正確的，那麼諸如為重建漢口或為浙江和盛京地方行政之類募集的借款，如果由美國金融家提供，難以期望得到美國政府的支持。

另一方面，實業借款，如盛宣懷先生希望的以相關礦山和鐵廠作抵押的借款，就我所理解的國務院的政策，將有理由期望得到如一直給予美國商業利益那樣的保護。

至於為修建鐵路進行的借款，公使館並不十分清楚應採取怎樣的立場。由於借款是以鐵路本身作抵押，我猜想美國政府不會不給支持，即使這些鐵路線是中國政府所擁有且合同是與中國政府的代表所達成，就像幾乎所有在中國修建鐵路的實例那樣。然而，湖廣鐵路合同規定借款是以地方稅作抵押。儘管國務院不鼓勵將來美國人進行這樣的借款，但是我猜想，由於這項特殊的合同得到了我們政府的支援，所以公使館不能拒絕採取必要行動保護已進行的美國投資活動。

這裏提出的問題是實際而迫切的。

至於湖廣鐵路借款，債權人擔心地方厘金作為抵押不再足夠，在去年 3 月，引發了相當多的討論以及在厘金未減少的情況下將鐵路所有權和物資作為擔保臨時抵押。與這筆借款相關的其他問題不是不可能需要公使館採取行動。

目前，萬國寶通銀行的本地代表要求我確定，國務院是否支持為修建孫博士提議的鐵路線之一而提供借款，以及他的銀行想要為此進行的談判。我詢問他的“支持”是指何意。他的答覆是，如果中國政府或它的代表未執行合同的條款，那麼他希望能得到保證，公使館將提供幫助以保證作出公正地解決。在前面的段落中，我已經闡述了這種情況下我對國務院政策的理解。

中國盛行的特殊狀況是，大量的實業全部或部分地歸政府所有，這就有必要讓美國商人了解，公使館在鼓勵為如此官方或半官方的事業發展進行投資方面能走多遠。

美國貿易的未來是與此相關的，因為目前獲得的特許權將為獲得它們的各國保證中國市場，以提供在特許權開發中所需的機器和其他供應品。一旦引進某一類型的供應品，它們往往會成為標準，其他類型供應品的銷售將變得十分困難。關於這個問題，我有幸詢問國務院 1905 年 10 月 21 日的指示是否仍然繼續有效，其中，公使館被授權無須解釋而向中國外交部為聲譽好的美國公民申請獲取特權和特許權。

公使館希望避免對國務院政策有關此處提到的問題的任何誤解，以便於公使館可以執行該政策。因此，我有幸請求我能得到相應的指示。

此致

衛理

No.123

文件號：893.51/1457

國務卿致美國代辦

第 389 號

國務院

華盛頓，1913 年 9 月 11 日

先生：作為對 1913 年 7 月 11 日第 929 號急件的答覆，公使館在急件中請求對於美國資本家和中國政府之間的金融交易應採取的立場作出指示，我必須說明，在假定國務院非常關注以每一種恰當的方式促進在華美國公民的合法事業以及全方位發展兩國之間的商務關係方面，公使館是正確的。

總的來說，可以聲明，本政府希望美國人的事業在海外各地都有機會在同任何外國競爭者在相同的基礎上為合同的利益展開競爭，這也意味着給予美國競爭者同等的機會，通過展示他負責任的言行或為合同提供適當保障，來證明他履行合同的能力。本政府不會為他做此事，政府不是美國競爭者的背書人，不是應對事業負責任的一方。然而，如果美國公民在其與外國政府的商業關係中遭遇不公正對待，本政府將隨時準備盡一切恰當的努力去為公民們爭取公正的對待。這項準則適用於金融合同，也適用於實業合同。

一項對於這條總的原則的明確闡述可以在 1896 年 12 月 19 日奧爾尼先生給田夏禮先生的指示中找到（見《美國對外關係文件集 1897 年卷》，第 56 頁》），連同您在急件中提到並要求答覆的 1905 年 10 月 21 日國務院的指示，國務院認為仍然普遍適用。

至於向在華的任何特定金融事業提供的外交支持的性質和程度問題，按照一貫的做法，國務院將根據當時存在的形勢和狀況，行使權利去獨立決定所出現的每一種情況。然而，就如 3 月 18 日總統公開聲明中所明確闡述的，對此一直的理解是，決不要期望本政府的支持會涉及或暗示被迫干涉中國的財政或政治事務。

在這些廣泛的路線範圍內，必要且有益的做法是，很多情況應留待公使館的謹慎和經驗，尤其是利益相關的個別美國人的進取心和事業心去處理，這些美國人在每一個機會應得到提醒，在中國尋求、發展和維護商業機會的時候，他們必須主要依靠他們自己的奮鬥，指望本政府的只能是諸如在外國一般會給予合法且有權受益的美國事業之類的支援和保護。

致敬

布賴恩

No.124（A）

美國代辦致國務卿

［摘錄］

第 1024 號

美國公使館

北京，1913 年 9 月 25 日

閣下：我有幸提交以下對於目前中國政治形勢的觀察資料。

對南方造反行動的鎮壓無疑增強了現政府的地位，由於北京現在對南方省份的財政部門有了更直接的控制，中央政府的稅收增長有了一些希望。儘管如此，政府目前的財政狀況近乎絕望。所謂的善後借款的實收款項幾近耗盡，除了剩下大約 £4,400,000 用於改善鹽政和其他特定項目，而且直到政府準備實施這些改革時，才會正式支付這筆款項。當地一家日報稱，政府已經赤字 $20,000,000。

政府已經在商談另一筆借款，由於根據善後借款合同的條款，在善後借款的最後一筆分期債票付清之後的六個月內，政府不得進行借款，所以五國銀行團是目前政府能夠與之打交道的唯一對象。

如果五國財團因另一筆借款與中國政府接洽，那麼非常可能提出比在上一個合同中所看到的更苛刻的條款，尤其當中國政府聲稱獲得的鹽稅收入似乎與事實不符時。在我 1913 年 7 月 1 日編號 916 的電報中 [105]，我提請注意當年前六個月的預算撥款，顯示稅收中只有 $1,867,000 來自鹽稅。中央政府真正獲得的數額據說遠低於這個數字，有些人估計其不超過 $200,000。

105　未刊印。──原註。

根據善後借款合同，鹽務稽核總所英國會辦應擁有整頓鹽稅的全權，目前中國政府試圖將一名鹽務專員置於鹽務稽核總所華人總辦和英國會辦之上，這大大冒犯了銀行團。設立新的職位無疑是打算阻止實行任何政府不贊同的改革。相關五國代表發表的一份強烈抗議導致了新職位的廢除，並且中國政府勉強同意鹽稅英國會辦丁恩爵士的方案。這些方案最終可行與否還是有些成問題的。丁恩爵士擁有在印度的經歷，但是他不是十分熟悉中國的形勢。我附上一份 9 月 25 日《京報》的剪報 [106]，它是源自《亞細亞日報》的重新措辭，對擬議的方案作了不贊同的評論。

在以前的急件中，我多次提到現政府的揮霍和腐敗。在北京的外國人普遍表達的看法是，比起滿人政權，在共和政權之下更為腐敗。現在，越來越多的官員貪污腐敗，從已批准的合同中抽取的佣金也必定越來越多。在一個實例中，確切地規定佣金是 35%。

流通的紙幣總量持續地增加，在中國的一些地方對貿易構成了嚴重的阻礙。已發行的地方鈔票總量達 $150,000,000，這還必須加上中國銀行和交通銀行發行的 $9,000,000。在本月 24 日我同司法總長梁啟超先生的一次談話中，我被告知，已有人提議通過中央政府發行的鈔票以相當大的折扣贖回目前的地方鈔票。《京報》報導，按份額決定，每年贖回地方發行鈔票的十分之一，以便在十年內將全部的 $150,000,000 贖回。這似乎不是一個非常現實的解決辦法，因為紙幣不會產生利息，該方案實際上等同於無息借款。然而，由於目前的地方鈔票低於票面價值 20%－40%，如果它們被兌換成新鈔票，一元對一元，那麼持有人不可能願意根據所提議的解決辦法花掉它們。

國務總理、外交總長和司法總長，在過去的兩週內都不斷表示他們對美國銀行家撤出幣制借款協議感到的遺憾。他們回想起美國在中國幣

制改革中表現出來的濃厚興趣，以及由精琦教授（Professor Jenks）所做的工作和美國人在談判幣制借款合同中所提的倡議，看上去他們十分希望在這項必要的改革中能有美國人的幫助。但是，我並不懷疑他們對美國幫助的期望相當程度上是由於他們對五國財團及其政府施加的壓力感到不滿。

目前的國務總理，也是財政總長，似乎意識到了國家金融的嚴峻形勢，正在行政領域厲行更大的節儉。

整個的形勢也受到目前中日之間相當緊張關係的影響。

此致

衛理

No.124（B）

文件號：893.51/1477

美國代辦致國務卿

第 1067 號

美國公使館

北京，1913 年 10 月 21 日

閣下：我有幸報告，我根據約定在本月 18 日拜訪了國務總理兼財政總長熊希齡先生，詢問有關美國人皮爾遜先生（T. G. P. Pierson）和雲南省政府為一筆 \$2,500,000 的借款在雲南進行談判的情況，就如我同一天編號 1064 電報中已經報告的那樣 [107]。

熊先生否認知道這個談判，之後他開始提及由美國資本家向中國中央政府借款的話題。這是最近他第三次提到該話題，但是這次他第一次

107　未刊印。——原註。

說明擬議借款的數額和用途，並明確地請求我方採取所有行動。其他三位內閣總長最近也與我就同一話題進行接洽。國務總理稱，他對美國銀行家撤出幣制借款談判感到遺憾，該國的貨幣處於十分糟糕的狀況，改革刻不容緩。他表示，如果美國政府給予美國資本家諸如勸使他們繼續借款給中國之類的信心，中國政府將非常高興。

我向總長保證，美國政府不但不反對美國資本在中國投資，而且相反將很樂意看到進行這樣的投資，無論是出於實業還是單純的金融目的，但是主導為這類借款而進行的談判不是美國政府的願望，應同美國資本家去接洽。

然而，我提請他留意中國的承諾，在近期善後借款最後一筆分期債票付清之後的六個月內，不進行或不擔保任何的借款。總長答覆到，六個月將在明年二月到期，在目前和明年二月之間的這段時間，對於談判一筆新借款來說是太短暫了。即使在明年二月之前能夠完成談判，在六個月的期限結束之前，沒有債票需要投放市場。

我詢問他有關改良貨幣的方案。他陳述到，各省發行的巨量紙幣泛濫，目前嚴重低於票面價值；他建議用由借款擔保的中國銀行發行的鈔票來替代這些紙幣；還在進行中的地方借款的總額估計在 200,000,000 中國元。熊先生說，如果一筆約 £5,000,000 或 £10,000,000 的借款能夠與美國通過談判達成，那麼就有可能避免從五國財團那進一步借款：這是中國政府非常希望看到的結果。他認為，如此一筆用於幣制改革的借款將是為了全體的利益，而且實質上是一筆實業、而不是一筆政治借款，因為它通過提供一個穩定的交易手段並從貶值的貨幣中除去金融損失的風險而促進實業的發展。中國政府將受益匪淺，因為目前收自各省的歲入是用這種貶值的貨幣支付的，中央政府不得不按貨幣的面額接受，卻只能按不超過貨幣的市值去花銷。

總長指出，如果中國不得不再次向五國財團尋求另一筆 £25,000,000

的借款，那麼相關五國的每一國在這兩筆借款中都將有 £10,000,000 的投資，如果美國在其中沒有份額，那麼其利益可能遭受相應的損失。他沒有解釋這番話，但我猜想他意欲暗指監督條件等等，沒有這些條件，借款不可能提供，這些條件將使這五國事實上控制了中國的財政，並使他們能夠支配中國的財政政策，而與此同時，每當提供純粹的實業借款或授予鐵路、礦山或其他特許物的權利的時候，他們為數眾多的顧問和監督人將使他們處於有利的地位。

我提到了為這樣一筆如他所期望的借款作擔保的問題，但他只是含糊地答覆稱，能提供充足的歲入作為抵押物。

我不鼓勵他去指望美國的資本家會被擬議的借款所吸引，相反指出，美國資本在國內能夠找到如此有利可圖的投資，因此不願意陷入與滿足於低利率的歐洲資本的競爭。在答覆這番話時，他詢問為如此一筆借款發行的債票是否能在美國發行，在這種情況下，鑒於中國在歐洲債票的掛牌價不會因此受到影響，他願意支付更高的利率。我表達的看法是，如果利率足夠高，債票無疑能夠在美國出售。

他請求美國政府及美國資本家幫忙，在他殷切的懇求之下，我答應向您彙報，但與此同時，我建議，傳遞這一請求的恰當渠道是中國在華盛頓的外交代表。

在撰寫這份報告時，有必要立刻提請留意令人絕望的中國財政狀況，公使館已在不同時候向國務院指出了這種狀況。我附上一份來自 10 月 15 日《京報》的剪報，其援引了《大阪每日新聞》對中國債務的估計，從中可以看出，中國的外債不少於 ¥1,715,751,728 或 $857,875,864。這些數字被認為是比較準確的。對人口作 320,000,000 的保守估計，債務等同人均 $2.68，同日本每人 $25 比較起來，看上去是比較輕的。

但是，中國的財政處於如此混亂之中，以至於對其而言，沒有外來的介入，似乎不可能維持多長時間繼續償還它的債務，在考慮美國借款給該政府是否明智的同時，必須給予這種可能性以應有的重視。毫無疑問，中國人希望美國金融家和五國財團的金融家進行競爭，因為後者在這種情況下可能會被誘使去降低他們的要求。我傾向於認為，這是促使內閣目前請求一筆美國借款的主要動機。

此致

衛理

[附件 —— 摘自 1913 年 10 月 15 日的《京報》]
列強在中國

談到列強在中國的經濟地位，《大阪每日新聞》指出，對中國的經濟侵略是一個歷史問題，眼下已達到了穩定的狀態。下表指出了列強在中國投資的細節：

	政府借款	地方借款
英國⋯⋯⋯⋯⋯⋯⋯⋯	334,548,250	23,480,000
德國⋯⋯⋯⋯⋯⋯⋯⋯	240,763,250	16,000,000
法國⋯⋯⋯⋯⋯⋯⋯⋯	147,837,361	4,620,000
俄國⋯⋯⋯⋯⋯⋯⋯⋯	106,737,361	
比利時⋯⋯⋯⋯⋯⋯⋯	29,066,666	210,000
美國⋯⋯⋯⋯⋯⋯⋯⋯	16,000,000	37,380,000
日本⋯⋯⋯⋯⋯⋯⋯⋯	69,670,000	3,420,000
其他列強⋯⋯⋯⋯⋯⋯	69,670,000	2,870,000
日元總計⋯⋯⋯⋯⋯⋯	1,627,871,728	87,880,000

就如數字顯示的那樣，英國在表中位列第一，提供了中國所需的四分之一；位於其次的是德國，提供了中國全部國債的八分之一。日本在

中國的全部投資保持在 73,000,000 日元，只是英國投資的六分之一和德國的四分之一。中國也在國內市場發行了大量的借款，但實際上是外債。如果這些借款被考慮進去，英國和德國提供的總額依然進一步增加，日本提供的百分比則進一步減低。——《日本每日郵報》

•幣制改革與滿洲實業借款 [108]

No.125

文件號：893.51/1158

美國公使致國務卿

美國公使館

北京，1912 年 10 月 29 日

閣下：在確認收到 1912 年 10 月 2 日國務院編號 266 的指示之時 [109]，該指示附了一份國務院和美國財團就按照幣制借款協議 [110] 支付 £ 400,000 墊款交換意見的備忘錄的複本，為向國務院提供情報，我有幸隨電文附上一份付款保證書英文文本的複本，以及在北京的美國財團代表同財政總長關於延期償還 1913 年 4 月 14 日前所付墊款的往來信函的複本。

此致

卡爾罕

---

108 上接 *Papers relating to the foreign relations of the United States with the annual message of the president transmitted to Congress December* 3, 1912, 第 88 頁及之後。—— 原註。

109 未刊印。—— 原註。

110 *Papers relating to the foreign relations of the United States with the annual message of the president transmitted to Congress December 3, 1912*, p. 95. —— 原註。

［附件 1］

1911 年 5 月 24 日中華帝國度支部 £400,000 墊款保證書

　　中華帝國度支部，為了和代表中華帝國政府，在此承諾，在西曆一千九百一十二年十月十五日或之前，當 1911 年中華帝國五厘幣制改革及實業振興償債基金金鎊借款發行時，從其首期實收款項中，或從其他來源中用等價的黃金，支付給紐約的美國財團、倫敦的滙豐銀行、柏林的德華銀行和巴黎的東方匯理銀行四十萬英鎊（£400,000），外加從 1911 年 5 月 13 日起算的年息 6 厘的利息，因為依照西曆一千九百一十一年四月十五日、宣統三年三月十七在北京簽署的借款合同的第 4 部分中的第Ⅷ條和第 6 部分規定，為滿洲需要而首付的一百萬英鎊（£1,000,000）墊款供中華帝國政府支配，依照上述借款合同中的第Ⅴ條而為該借款作擔保抵押的歲入，其第一筆歲入款項將作為該墊款擔保。

　　西曆一千九百一十一年五月二十四日、宣統三年五月二十六日於北京以中英文施行。

1912 年 10 月 15 日的背書備忘錄

　　這份墊款保證書，被以“共同贊同延期至 1913 年 4 月 14 日”進行了背書。1912 年 10 月 15 日，美、英、德、法四國銀行代表與中華民國代表，財政總長周學熙，在該背書上簽字並註明日期。

[附件 2]

關於延期幣制借款的 £400,000 墊款，
麥克尼特先生與財政總長的會談記錄
（1912 年 10 月 1 日）
[摘錄]

10 月 1 日下午 3 時，麥克尼特先生按約定拜會了財政總長。麥克尼特先生解釋到，美國財團在與幣制改革借款相關的問題上一直起帶頭作用，今天他非正式地拜會是希望提醒總長，£400,000 墊款將在本月 15 日到期償還，並詢問總長是否為到期日還款採取了措施，或者是否打算請求延期。總長答稱，這件事正在他的考慮之中，並已提請大總統予以注意，由於中國正處於財政困難之中，希望能夠獲得延期。他擔心，如果強迫償還這筆墊款，他將不得不借錢以應付需要。……

麥克尼特先生詢問總長，在他看來，如果各財團同意延期至明年四月，該墊款是不是就能夠償還？總長答稱，不能確切答覆，但他希望到那時狀況能夠大大得到改善，使償還成為可能。他請求詢問麥克尼特先生，幣制借款到明年四月是否能夠發行。

麥克尼特先生這樣回答總長，儘管他希望中國在需要的時候能夠從各財團那裏獲得幣制改革所需的資金，但他個人認為，到明年四月按合同規定的條件發行幣制借款是不可能的。他進一步說到，很多事情取決於中國政府的財政政策，因為這將決定中國在國外市場的信譽。……

總長表示，他十分清楚，在中國信譽的問題上，一切都取決於中國能否在此期間在穩定的局勢方面取得較大的改善，以及開始着手一項合理的革新政策。他表示將朝這個方向努力，並請求麥克尼特先生盡其所能確保 £400,000 墊款的延期支付。

麥克尼特先生告訴總長，如果他打算請求延期，為了雙方考慮的時

間，有必要儘快向各財團發送一封信函。他向總長保證，會認真考慮信中所提要求，儘快作出答覆。

總長稱，他期望在一兩日內收到來自瀋陽的答覆，在收到答覆之後，會立即着手此事。

[附件 3 —— 譯文]

中國財政總長致麥克尼特先生

財政部

北京，1912 年 10 月 2 日

閣下：關於 1911 年 4 月 15 日貴財團同前滿清政府簽訂的幣制改革和滿洲實業借款合同，依據合同的第 8 條第 4 款和第 5 款已經墊付了其中的 £400,000，今年 10 月 15 日將到期償還。此外，關於昨天麥克尼特先生造訪時所作的質詢，我發現合同規定，這些款項應以來自債票首次發行出售的收益予以償還。鑒於這些債票還沒有出售發行，在這個共和國創建初期，有大量費用需要支付且沒有其他款項可以立即用以償還，我不得不請求把這筆 £400,000 的償還時間延期至 1913 年 10 月 15 日，或者從幣制借款債票出售的首筆收益中進行支付。

鑒於相互友好已經成為同貴財團關係的特徵，我相信這一請求會得到同意。

盼望收到您的答覆。順致敬意

周學熙

［附件 4］

麥克尼特先生致財政總長

北京，1912 年 10 月 11 日

閣下：我有幸確認收到您 10 月 2 日關於以 "幣制改革和實業振興" 借款為基礎的 £400,000 墊款的信函。

適用於這筆墊款的借款合同條款規定，償還應 "來自這筆借款發行時的首筆收益，或者無論如何在自該合同簽署起的十八個月內，除非另有各銀行與財政委員會之間彼此的同意"。因此，償還無疑是在本月 15 日到期，因為借款合同是 1911 年 4 月 15 日簽署的。

然而，鑒於您非常爽快地同意了我們對於 "幣制改革和實業振興借款合同" 延期至 1913 年 4 月 14 日的要求，也考慮到了如您信中提到的這個國家目前盛行的不尋常的情況，對您而言，這很可能使這筆墊款在到期時償還變得困難，我的同事們和我自己仔細考慮了您的延期請求，並已經決定，我們能夠把償還延期至 1913 年 4 月 14 日，這也是幣制借款合同本身延長到的日期——這個延期當然要依據墊款的償還，即在提到的日期之前所發行借款的首筆收益。此時，我們不能考慮延期至 1913 年 10 月 15 日。

如上所建議的，如果您對延期至 4 月 14 日感到滿意，那麼我提議您預約在 10 月 15 日之前訪問我的辦事處，通過彼此同意和共同簽字正式地延長合同的期限。

致敬

麥克尼特（F. H. Mcknight）

［附件 5］

麥克尼特先生致美國公使

北京，1912 年 10 月 15 日

先生：我請求向您告知，今天美國、英國、德國、法國銀行的代表同中華民國的代表財政總長周學熙已簽署了延期償還幣制借款合同中所規定的 £400,000 墊款的協議，"相互一致同意延期至 1913 年 4 月 14 日"。

我隨信附上我昨日收到的中國財政總長的信的副本。

此致

［次級附件］

財政總長致麥克尼特先生

財政部

北京，1912 年 10 月 14 日

閣下：我謹確認收到您的信函，信中您告訴我，您已友好地同意向貴財團延期償還幣制借款合同中所規定的 £400,000 墊款至 1913 年 4 月 14 日，且要求財政總長同貴財團預約會談以正式作出延期並在約定上簽字。

作為答覆，我希望對貴財團在此問題上顯示出的友善表達不甚感激之情。

我正派財政部的一位司長王士登（Wang Shih Teng）前往您的辦事處與您協商。他將與您共同致力於您信中提到的要求答覆的各個問題，一旦延期的約定起草出來，將擇時約您到財政部會談並共同附上簽名。

順致敬意

周學熙

No.126

文件號：893.51/1321

美國財團致國務卿

紐約，1913 年 2 月 25 日

閣下：為了向您提供信息，我們隨信附上一份我們收自摩根－葛蘭費爾公司日期為 2 月 14 日信件的複本，連同其中提到的一份備忘錄的複本，備忘錄是有關 1913 年 1 月 11 日四國財團代表和衛斯林博士（Dr. Vissering）在倫敦的會談。

忠實的

司戴德

［附件］

摩根－葛蘭費爾公司致美國財團

倫敦，東部中央郵政區，1913 年 2 月 14 日

親愛的先生：我隨信附上備忘錄的 6 份複本，該備忘錄是惠格姆先生（Mr. Whigham）對 1 月 11 日衛斯林博士和四國財團代表與他會談內容所做的備忘錄。

備忘錄是第二天惠格姆先生根據回憶記錄下的，因此無論如何不能被認為是衛斯林博士完整的講話記錄，但它已經被呈送給了梅爾西奧博士（Dr. Melchior）和阿迪斯先生，他們當時都在場，並都一致認可，備忘錄就會談的主要問題作出了公正的描述。

在我們看來，同衛斯林博士的會談是令人十分失望的。我們不是冒昧批評就目前問題這樣一位專家的觀點，他的說法對我們來說似乎是那些在任何幣制改革的教科書中都能找到的，不過他迴避了全部的現實問

題，即在強有力政府管理的國家和社會中，能夠在貨幣問題上實現的願望和獲得的結論，是否也能在中國獲得；在中國，政府是軟弱的，國民特別受到習俗和成見的影響。

　　忠實的

摩根－葛蘭費爾公司

［次級附件─備忘錄─概要］

　　衛斯林博士解釋到，他最初作為與幣制借款合同中所概述的幣制改革方案相關的金融顧問，被前滿洲政府聘請到中國。由於革命，該事遭到擱置。此後，臨時政府請求他擔任金融顧問。在 1912 年的 8 月或 9 月，他前往北京，與全部是中國人組成的幣制改革委員會進行商談，並簽署了作為顧問的聘約。他以前就起草了一份全面闡述他的幣制改革方案的小冊子，已遞交中國的委員會和各銀行團，現在他對他未實現的關於組織一個必不可少的中央銀行的進一步方案進行了解釋。他認為，中國還未就一個完全的金本位制準則做好準備，就像在英屬印度和一些荷屬殖民地採取的那樣，一個金本位制的匯率準則將最好地解決目前的問題，因為有這個解決辦法，中央銀行將首先不需要大量的黃金儲備，但能在歐洲和美國的中心發行債票以兌換能以黃金支付的一級匯票，這樣逐漸在這些中心積累黃金儲備。中央銀行首先不從事常規或金融的業務，而是將其業務完全限制在貨幣事務上。一開始，中央銀行將發行只兌換黃金或黃金等價物的債票，而不提供服務等等；這樣發行的債票將因此輕易地進入並與現存的銀幣一起留在流通領域，漸漸地成為流通手段的一部分。

　　烏爾比希（Urbig）、阿迪斯和西蒙，在中國的有實際經驗的銀行家們，都認為衛斯林博士的方案不現實，但他們與他的分歧似乎只是方法問題，而不是原則問題。他們認為，如他所指發行的債票將不會留在流通領域，而是會立即向中央銀行兌款成黃金，因此導致全部的方案不具操作性並迫使銀行很快關門，由於把商業業務排除在外，它無法賺取收益，最終不得不遭受損失。

No.127

文件號：893.51/1385

美國財團致國務卿
［摘錄］

紐約，1913 年 4 月 12 日

閣下：為了向您提供情報和檔案備份之需要，我謹隨信附上一份在華盛頓的中國公使張蔭棠閣下發給我們有關幣制借款信函的複本，外加一份我們今天答覆的複本。

我們還隨信呈送給您一份今日收自摩根－葛蘭費爾公使電報的複本，及一份我們答覆此電報的複本，其中援引了我們給在北京的 F・H・麥克尼特先生的電報，其複本也一同附上。

忠實的

司戴德

［附件 1］

中國公使致美國財團代表

中國公使館

華盛頓，1913 年 4 月 11 日

親愛的先生：我收到來自財政部的電報，要求我提請您注意美國財團參與其中的 1910 年 4 月 15 日的幣制改革和實業借款合同，並詢問是否已經依據規定對出售債票的上述合同作出了安排。因為合同是在美國財團的主導下同四國財團達成的，所以財政部特別想得知您的上級們在合同上述各點上的立場。

忠實的

張蔭棠

［附件 2］

美國財團代表致中國公使

紐約，1913 年 4 月 12 日

閣下：談到您 4 月 11 日的信函，我謹表示，由於閣下熟知的情況，已不可能安排幣制借款的發行，並根據與貴政府的商定，借款的發行期將在明年 4 月 14 日終止，在此之前的期限內，自然將是不可能進行發行。

作為對閣下關於美國財團立場質詢的回答，我有幸告訴您，我們不得不撤出中國的業務，並因此電告我們在北京的代表，美國財團在借款可以發行的時期內，不會請求任何的延期。

我們相信，這是對閣下來信的一個足夠的答覆。

忠實的

司戴德

［附件 3］

摩根－葛蘭費爾公司致美國財團

倫敦，1913 年 4 月 14 日

幣制借款。今日不可能及時從歐洲各財團處得到有關決定的任何答覆。因此，我讓您電函麥克尼特，如果願意繼續墊付，您將不採取任何行動，繼續保持選擇行動的自由。那時英國、法國、德國財團將按他們在該問題上所認為合適的方式行動，我們則相應地向他們作出建議。

［附件 4］

美國財團致摩根－葛蘭費爾公司

紐約，1913 年 4 月 12 日

幣制借款。關於你們今日的電報。我已在今日發給麥克尼特電文如下：

美國財團致他們的代表

紐約，1913 年 4 月 12 日

幣制借款。因為被迫撤出中國的業務，我們將不為自己請求作出幣制借款延期的選擇，並在給華盛頓中國公使的答覆中如此告知了他。幫助其他財團是我們強烈的願望。我們因此通知他們，如果他們希望選擇延期，他們可能這樣做，鑒於善後借款還未達成，我們將願意帶頭同他們一起推動我們的利益，但是不會保留期權利益。因此，在按上述向他們和中國政府闡明的那樣，表明我們的立場後，如果他們請求這樣去做，您要在 4 月 14 日同其他財團代表合作去實現延期。如果沒有收到這樣的請求，您要在 4 月 14 日告知中國政府，美國財團不會請求選擇延期，這樣解除美國財團在幣制借款上的任何道義的或其他的責任，由我們提供的墊款因此根據合同條款成為到期且應支付的了。但是考慮國務院關於善後借款墊款的意見，如果中國人希望延期償還墊款，我們將考慮合理的延期。在這個問題上，我們無法確切了解其他財團的態度，他們可能因此直接向北京發出指示。

No.128

文件號：893.51/1386

美國財團致國務卿

紐約，1913 年 4 月 15 日

閣下：關於 4 月 12 日我們的信件，概述了美國財團關於幣制借款的立場，我們謹隨信附上一份收自摩根－葛蘭費爾公司電報的複本，該電報傳遞了一個接收自北京的消息，報告了根據我們給北京的麥克尼特先生電報指示所採取的行動，一份該電報指示的複本連同我們上述提到的信件一同發送給您。

忠實的

司戴德

［附件—電報］

摩根－葛蘭費爾公司致美國財團

倫敦，1913 年 4 月 15 日

滙豐銀行接到一份來自北京的電報，內容如下：

以下供四國財團知曉：幣制借款。我們寫信給財政總長，倘若中國人立即支付到期產生的利息並贊同英、法、德財團的意見將合同延長至明年 10 月 14 日，那麼所有四國財團準備延長£400,000 墊款六個月，但取決於按照財團的意願優先償還款應出自同時期發行的任何善後借款的收益之外。美國代表同其他三國財團的代表進行合作，但是我們向中國人解釋到，美國財團在借款合同中的利益在 4 月 14 日終止，如果延期得到認可，那麼按照規定條款他們所有的權利和義務將由英、法、德財團承擔。

摩根－葛蘭費爾公司

• 清華學堂借款

No.129

文件號：893.51/1365

美國財團致國務卿
[摘錄]

紐約，1913 年 3 月 31 日

　　閣下：我們 3 月 19 日的信函 [111] 論及了我們與英、德、法、俄和日財團共同作出的有關我們同中國政府所做交易的某些安排，作為對該信函的補充，我們現在懇請您留意我們獨自向中國政府提供的兩筆借款，其目的在於，依據美國免除部分庚子賠款所做的安排，組織維持在美的中國青年接受教育。……我們授權 F. H. 麥克尼特先生，我們在北京的代表，訂立為上述目的借給中國政府 $200,000 的合同。這項合同，得到了在北京的美國公使的同意，在 1912 年 11 月 26 日簽署。……依據 1912 年 11 月 26 日訂立的這筆 $200,000 的借款合同，我們眼下已向中國臨時政府墊付了 $160,000。按照中國政府的請求，通過我們在北京的代表麥克尼特先生的傳達，我們將於 4 月 1 日在華盛頓向作為中國政府賬戶代理的督辦翁定（Wong Ting）的訂單支付 $25,000，並向北京劃撥 $15,000，依據該借款合同，這兩筆墊款將成為最後的分期交付。

　　依據 1913 年 1 月 14 日的另外一項合同，美國財團同意向中國政府借款 $185,000，以支付上述提到的從國際銀行集團獲得的為維持學生學

111　*Papers relating to the foreign relations of the United States with the annual message of the president transmitted to Congress December 3, 1913*, p. 171. —— 原註。

業的墊款。……1 月 17 日，為中國臨時政府的信用和翁定先生的訂單，我們向紐約的國際銀行集團存入 $185,000。

以上提到的合同是在徵得美國駐北京的公使同意後簽訂的，在首都的美國公使館已將其複本歸檔，我們猜想，並已呈送了國務院，眼下包含在您的官方檔案中。這些合同規定，上述提到的借款應從美國政府退還給中國政府的部分庚子賠款中支付。

我們的理解是，在各國的同意下，中國的賠償支付自 1911 年 11 月起就已經延期。此外，我們一直的理解是，這些應付欠款將從善後借款的實收款項中清償。由於我們已經從善後借款談判中撤出，就如本月 19 日我們給國務院的信中闡述的那樣，現在我們將該問題呈遞在您面前，懇請您在認為方便的時候採取諸如對於中國政府償還這些債務的安排可能是必要的那些措施。

忠實的

司戴德

No.130

文件號：893.51/1365

國務卿致美國財團

國務院

華盛頓，1913 年 4 月 3 日

諸位先生：我確認收到你們 3 月 31 日的來信，該信是有關根據退還庚子賠款後所做的，安排為在美中國學生的學業而向中國政府提供借款之事，茲答覆如下，國務院將對該問題給予應有的考慮。

致敬

布賴恩

No.131

文件號：893.51/1432

美國財團致國務卿

紐約，1913 年 6 月 5 日

閣下：關於我們 1913 年 3 月 31 日關於美國財團提供給清華學堂兩筆借款的信函，我們懇請隨此信附上一份由國際銀行集團在北京的主管，梅諾克先生（D. A. Menocal），於 1913 年 5 月 13 日向國內辦事處所發信件的複本。

對於國務院提供給我們有關該問題所採取措施的任何資訊，我們都將不勝感激。

忠實的

司戴德

［附件］

國際銀行集團代理主管致總經理

北京，1913 年 5 月 13 日

親愛的先生：鑒於一旦完成該筆借款的發行安排，中國應償付美國政府的未償債務將從善後借款的實收款項中支付，我們請求此地的美國公使館提醒華盛頓的有關當局，美國財團擁有的關於部分賠款及其應付欠款的抵押品留置權將由美國政府返還給中國。1912 年 11 月 26 日和 1913 年 1 月 14 日美國財團和清華學堂之間的借款合同涵蓋了對抵押財產的索償權。我們認為，如果接受退還賠款款項的各方在滿足美國財團擁有的權利之前，隨意將它們用於其他目的，那麼採取該預防措施以免歐洲或美國將它們支付給中國政府是明智的。

但是，由於國務院很可能沒有依據此地美國公使館所發的電報請求去採取行動，一旦我們向美國代辦發送我們的信函，我們就將直接發電報給您，您可以會同美國財政部一起採取您所認為必要的行動。當然，與此同時，我們將依據上述意義同清華學堂和外交部、財政部進行聯繫。

忠實的

梅諾克（D. A. Menocal）

No.132

文件號：893.51/1460

美國財團致遠東事務司代理司長

紐約，1913 年 8 月 27 日

親愛的先生：我們懇請告知您，關於美國財團提供給中國政府和清華學堂的兩筆各 $200,000 和 $185,000 的借款，連同到 1913 年 8 月 21 日所產生的利息包括在內，中國政府目前已全部償還給了我們 [112]。

對於在解決這些借款的問題上，您作為我們的一方所做的工作，此時此刻請允許表達不勝感激之情。

您也許會高興地得知，今日我們收到了一份來自華盛頓中國公使館的正式信函，我們從其中援引如下：

我藉此機會向您表達，為您在困難時刻給予清華學堂的友好幫助，我國政府的深切感激之情，我懇請隨之附上我本人的感謝。

忠實的

菲德勒（A. W. Fiedler）

---

112 參見 *Papers relating to the foreign relations of the United States with the annual message of the president transmitted to Congress December 3, 1913*, pp. 198－199. —— 譯者註。

卡內基學生借款

備註

1913 年 6 月 10 日，遊美中國學生督辦，翁定博士，告知國務院，科士達先生（John W. Foster）已向安德魯・卡內基先生請求借給中國政府 \$200,000，以支持中國的庚子賠款遊學生，卡內基先生已經答應此事。6 月 12 日，翁博士遞交國務院一份由魯特參議員起草的主要內容是有關卡內基先生墊款安排的備忘錄，其特點之一是 —— 亦是唯一讓國務院關注的一點，"無論何時，只要中華民國有資金去繼續支付賠款，那麼依據這些安排所墊付的款項將從首筆分期清償款中償還"（文件號 893.51/1452）。

1913 年 7 月 4 日，中國政府批准借款並由此照會美國公使館（檔號 893.51/1456）。

這筆借款同以上信函所提及的由美國銀行團提供的借款並無聯繫。

各方面的借款

備註

備忘錄裏提到的借款與在這之前論及的借款沒有直接的聯繫，僅僅是作為前面信函中不時略為一提的金融狀況的例證予以提及。檔編號是那些傳遞資料的信函的編號。

關於這方面，見 1913 年 7 月 11 日美國代辦致國務卿和 1913 年 9 月 11 日指示答覆的信函（前文第 183 頁）。

1913 年 4 月 10 日，德商瑞記洋行代表奧國銀行團依據同一天與財政總長簽訂的合同，提供了兩筆各為 £2,000,000 和 £1,200,000 的奧國借款（文件號 893.51/1439）。

1913 年 11 月 18 日，華中鐵路有限公司（英國）與中國政府簽訂 £3,000,000 浦口－信陽鐵路借款合同（文件號 893.51/1483）。

湖廣鐵路借款 [113]。司戴德致國務院的有關借款合同有效性的信函（文件號 893.51/1381）。發自美國代辦附有關借款合同履行情況的函件（檔號 893.51/1382）。同樣發自美國代辦有關所建議的美國財團將代表權利委託給國際銀行集團的函件（檔號 893.51/1402, 1426, 1413）。

比國借款。比國鐵路電車合股公司與中國政府：來自美國公使的電報稱，修建河南開封鐵路的比國公司於 1912 年 9 月 30 日簽訂了一份新的合同，建築從海州經開封至甘肅蘭州的鐵路線；借款額為 215,000,000 法郎，以鐵路本身作抵押；在合同正式生效前，必須得到公司中法國利益集團的同意（檔號 893.51/1229；1350 附有合同的文本和考查工程的指示；1419，對 1350 的答覆）。

---

113 *Papers relating to the foreign relations of the United States with the annual message of the president transmitted to Congress December 3, 1912*, pp. 87－88.

• 賠償的支付 [114]

No.133

文件號：893.51/1316

美國公使致國務卿
[摘錄]

第 725 號

美國公使館
北京，1913 年 1 月 27 日

閣下：我有幸報告，使用剩餘的海關收入支付賠款分期款項的問題，已經成為外交使團各成員間熱議的話題。……

在闡述所涉及的問題之前，我簡要地回顧一下導致這種情況的事發過程。就如您了解的那樣，中國人簽訂的許多外國借款，在義和團動亂之前，是以海關收入作為抵押擔保的。這種債務仍然在償還當中，更別提年度分期賠款及其應付利息的支付。除此之外，根據 1901 年的條約，賠款的支付也是以海關收入作為償還來源，但是後者的抵押留置權低於之前借款的留置權。

在舊政權下，海關收入是直接支付給當地的中國官員海關道台，並成為帝國政府總財源的一部分。當償還到期的借款和賠款時，中國人用他們總的財源進行支付，而不提及它們的來源。這樣，沒有引發關於借款和賠款相對權利的問題，也沒有提交過相關的海關收入賬單。

114　上接 *Papers relating to the foreign relations of the United States with the annual message of the president transmitted to Congress December 3, 1912*，第 159 頁。—— 原註。

革命爆發後不久，一些通商口岸處於革命者控制之下，其餘仍處於帝國政府控制之下。這種事態似將使海關各項收入陷入混亂，並導致用以擔保支付債務的收入被全部或部分地挪用。外交使團和帝國政府達成一項安排，即當時的海關收入將由海關總稅務司收集，並由他控制存入上海的某些外國銀行，以作之前借款和賠款到期支付之用。革命者未參與這項安排，但是他們通過不干涉海關權力或所收集的各項收入來表示遵守該安排。依照這項安排，總稅務司收集各項收入並將其存入在上海的滙豐銀行、德華銀行和俄亞銀行。

在那時，由於國家後又經歷的混亂局勢，海關收入被認為將減少；由此可能導致它們不足以滿足以前借款的到期支付的需要；上述的三家銀行經一致同意成為海關收入的保管人，因為他們對借款和賠款的業務都有興趣。1912 年海關收入的官方報告還未作出，但據非官方的報告，增長超出去年總計大約 3,500,000 香港兩 [115]。

上述的三家銀行用 1912 年的收入支付了當年到期的借款債務，到 12 月 31 日手頭還剩餘大約 $10,273,682.09。這些銀行繼續以實際上相等數額的存款控制着這筆餘款，這將給他們在當地的金融市場上帶來明顯的優勢。這種情況在其他關注賠款業務而不關注以前借款業務的各銀行引起了一些不安。這些銀行聲稱，餘款繼續存在這三家受託銀行給其在當地金融市場上帶來了別人無權擁有的優勢地位。因此，對此不滿的各銀行向他們的各自公使抱怨，要求餘款應在大家之間進行分享，包括三家受託銀行在內，所謂的存儲賠款的銀行應與各國在其中的利益成比例。

法國、日本和比利時公使尤其積極支持他們銀行的這項主張，在他們的建議下，外交使團在 1 月 16 日召開會議討論這個問題。

討論分別通過三個冗長的會議不斷繼續，一時間，似乎不可能達成

115　香港貨幣單位－銀兩。——譯者註。

一致。最終，一致同意分配截至 12 月 31 日彙報的餘款，或者與按照月份平均負擔支付一樣多的款項分配，連同其百分之四的以複利計算的利息，並確定 1913 年的做法和 1912 年的相同，即海關總稅務司同之前一樣繼續把海關收入存入三家受託銀行。英國公使稱，他認為，到 9 月份或之後不久，積累的款項將足以償還當年的借款債務，隨後的收入可以存入，如所收集的，各承擔賠款業務銀行的用於賠款賬戶。

我們接着起草了一封措辭相同的信函發給各銀行，也通過領銜公使 [116] 向外交部遞送了一封函件，請求外交部同意所作出的安排，並下命令給總稅務司以所達成一致的方式把餘款分配到用於賠款的賬戶。1 月 18 日，我的信件發給了國際銀行集團。1 月 23 日，該銀行的北京分行通知我，一筆 $757,900 的款項已經存入在上海的該銀行的美國政府賬戶。我後來收到了我給在上海的國際銀行信函的答覆。

此致

卡爾罕

116　由所有公使之中推舉出外交階級最高、呈遞國書最早的使節擔任領銜 (Dean or Doyen) —— 譯者註。

• 美國公民的對華索賠 [117]

No.134

文件號：493.11H52/40

代理國務卿致美國公使
［摘錄］

第 290 號

國務院

華盛頓，1912 年 10 月 4 日

閣下：鑒於已經提出的索賠以及即將出現其他索賠的可能性，要求公使館報告，如果有的話，由在北京的外交使團任命的委員會採取了哪些行動去制定原則，以指導各個公使館處理他們各自國民針對中國最近動亂所引起的索賠。

　　致敬

威爾遜

117　上接 *Papers relating to the foreign relations of the United States with the annual message of the president transmitted to Congress December 3*, 1912, 第 171 頁。——原註。

No.135

文件號：493.11/367

美國公使致國務卿
［電報—改寫—摘要］

美國公使館

北京，1912 年 12 月 31 日

今天上午在法國公使、日本公使同中國外交總長、財政總長的會談中，外交總長原則上承認了他的政府對於革命給外國人造成損失承擔責任，並同意索賠問題應由中國政府與相關國家的外交代表一同解決。如果在有爭議的索賠問題上產生分歧，它們將被提交仲裁。中國政府願意借兩百萬英鎊去支付這些索賠。法國和日本公使今天下午向他們的公使館報告了上述提到的事情。

卡爾罕

No.136

文件號：493.11/379

美國代辦致國務卿
［摘錄］

第 814 號

美國公使館

北京，1913 年 4 月 17 日

閣下：關於 1912 年 10 月 4 日國務院第 290 號文件指示，要求公使館報告，如果有的話，外交使團任命的委員會採取哪些行動去界定由革命引起的在華外國僑民的索賠，以及關於這些索賠作出建議。我有幸隨信呈送一份委員會報告的複本，該報告是 4 月 7 日舉行的外交使團會議上提交的。在作出少許的修改後，外交代表們正式通過了報告，並決定提議他們的政府予以同意。

卡爾罕先生是所提到的委員會的主席，報告實際上在他離開之前就已完成。當他離開後，在委員會的請求下，我接受了該職位，但是之後只主持了一次會議：為最終宣讀和通過報告舉行的會議。

……在 1912 年 3 月 29 日南京［所謂的國會前］的講話中，共和國首任總理唐紹儀承認了賠償責任的原則。在雲南省，對一些法國公民索賠的解決也為賠償責任提供了事實上的承認。財政總長在他 1913 年 2 月 1 日致六國公使的信中也對責任原則作出大體上的承認。……

但是，為打消所有關於該問題的疑問，4 月 7 日，由外交使團任命的英國、法國、德國和意大利公使組成的委員會拜訪了外交總長，並與他討論的該問題。……就如所附上的委員會報告所顯示的，上面提到的各位公使在 4 月 10 日拜訪了外交總長並表示，他們已被授權同他討論因革命引起的外國人的索賠問題，並提議外交部應當任命代表同各個公使館的代表會談，以討論索賠問題以及就應支付的賠償數額達成一致意見。

在 4 月 16 日外交使團會議上，委員會的報告被提請考慮。會議決定接受外交總長的建議，財政部和內務部的代表，如果需要的話，將共同參與對賠償要求的核查，並建議每週三天在外交部舉行會談。會議進一步達成協議，在中國政府任命它的代表之後，應當決定各公使館提交他們賠償要求的順序。……

外交使團進一步商定，每一個公使館，在呈交它的政府有關索賠分類的委員會報告時，如果可能，為了保證各國在索賠待遇方面的一致性和防止時間拖延，應當指明報告不經修改而批准的願望。經一國或多國修改可能導致進一步漫長的討論和由此帶來的時間浪費。

外交使團決定這樣做是明智的，而且提請注意有關索賠分類報告的第二段中所作的闡述，大意是，委員會認為，在就陸軍和海軍費用向外國政府作出賠償的問題上發表觀點，不屬於他們的職權範圍，並且建議，相關各國的外交部門應共同協商，就這樣的費用達成一項統一的政策。在向國務院報告這一建議時，我有幸表達這樣的願望，貧困的中國政府不應被強迫去為如此費用承擔賠償的重負，國務院也許願意調停勸說其他相關各國，在這方面給予年輕的中華民國以寬宏大度的對待。……

在呈送這份報告時，我有幸請求，如果報告獲得國務院的同意，通過電報告知我這樣的結果，使公使館可以立即相應地開展對美國人索賠的分類，並正式向中國政府提出那些屬於 A 類和 B 類的賠償要求。

致敬

衛理

［附件 1］

外交公告第 58 號

北京，1913 年 3 月 14 日

領銜公使有幸散發一份收自外交使團任命的去調查因革命引起的外國人索賠問題的委員會的報告，並建議在各國公使會議上應制定核查的主題。

索賠委員會的報告

受外交使團之託核查有關因革命引起的外國人索賠原則的委員會，首先審查了各公使館提交給他們的每一件案例。接着，他們根據案例的一般特徵對賠償要求進行了分組，再將它們按方便的類別進行分類。委員會這樣做的目的是為外交使團提供一個共同的基礎，以評估與他們公使館利益相關的那些人已經或將提交的賠償要求的可接受度。

委員會認為，在就陸軍和海軍費用向外國政府作出賠償的問題上發表觀點，不屬於他們的職權範圍，因為在委員會看來，決定提不提出這樣的賠償要求在於他們政府自身。

接着可以看到，委員會將賠償要求分為四個一般門類。A類涵蓋那些，在他們看來，應被看作是直接和即時因革命引起的，並且中國政府無法拒絕承認為之承擔責任的。B類包括，同時原則上也是合理的，但不是每種情況都能歸因於革命並因此有待個別具體討論的賠償要求。C類涵蓋有關委員會並不認為能公正地向中國政府要求賠償的那些損失的賠償要求。D類包括委員會認為不能在革命的賠償要求中進行恰當分類的賠償要求。

可以看到，所附的會議記錄闡明了委員會在討論過程中出現的幾個問題上的觀點，在這一方面，委員會把自己限制在將注意力引導到以下特別的幾點上：

就貨物被毀或被搶的情況來説，不言而喻，貨主應當被給予與遭受損失時與貨物流通市場價相同的賠償，或者就出口貨物而論，按照合同的價格進行賠償。

在決定應支付給死亡或傷害的賠償費用方面，委員會有幸提議，大不列顛英王陛下政府的皇家律師在裁定義和團賠償要求時所採用的原則可以仿效。為給外交使團提供方便，附上了威金生先生（Mr. Wilkinson）報告的一份摘錄。

就外國人擁有的作為抵押品的財產因遭到毀壞、損壞或丟失蒙受損失而言，應作這樣的理解，為此支付的賠款不能超出這些抵押品出售以充債務的數額。

需要解釋的是，在使用“中國政府”或“中國當局”的字眼時，委員會在帝國和革命或共和國政府之間並未作出區分。

委員會建議，得到承認的賠償要求的應付利息，從損失之日起到支付之日，有關個人的索賠不應超過百分之五，商業上的索賠不超過百分之七。

<h2 style="text-align:center">A 類</h2>

對於市政當局的賠償：

1. 作為革命的直接後果，對屬於外國市政當局的動產和不動產造成的破壞和損失。

2. 出於保護和自我防衛目的所作的費用，包括由損壞造成的損失以及［原文如此］被承認是市政性質的未使用設備的損失。

對社團、公司和個人的賠償

3. 動產和不動產的破壞和損失，包括屬於外國社團、公司和個人的貨物、私人的動產、錢財和有商業價值的文件，無論是在首都、通商口岸，還是在內地：(a) 在與戰爭有關的行動過程中或作為其直接後果，或者由於實施搶劫的士兵或其他不守紀律的部隊的行為所造成的；(b) 由於強盜或海盜或者作為無政府主義性質行為的後果所造成的。

4. 已通過進口且處於運輸途中或指定出口的貨物，由中國士兵和境內的強盜搶劫或毀壞的外國商人的財產。

5. 由於中國當局的佔用所蒙受的以下損失，舢舨、碼頭、駁船、倉庫船、船台、浮橋、鐵路物資、軍火、其他爆炸物以及任何屬於外國人的其他種類的物品。

6. 為以下作出賠償：(a) 由於革命失去生命或身體上遭受傷害和傷殘的外國人；(b) 外國僱用的中國人在履行他們對外國僱主的責任時的類似遭遇。

7. 由於革命未支付給在中國政府部門或機構中的外國人依據合同應支付的薪水和其他報酬。

8. 由於革命或非外國索賠者的過錯，導致外國公司或個人同中國當局簽訂的合同或其他契約未履行或延誤執行所造成的實際損失；這樣的損失包括，貨運、重新裝運、儲藏、保險以及貨物的損失和損壞。

9. 在中國官方或半官方機構任職的外國人到毗鄰的安全地區及返回途中的旅行費用，缺席期間額外的生活費用，以及房屋租金。

10. 存在中國政府銀行或其他政府部門中的未補償的金錢或投資財產。

11. 諸如由於當地革命動亂，不可避免的停工或誤工導致機器和物資的損失或損壞，從而使實業蒙受的實際損失。

12. 不能收回的租金和提前支付租金但由於軍事行動或中國士兵的行為事實上中止了居住和使用的。

13. 作為抵押品外國人所擁有的財產由於破壞、損壞或丟失而給他們造成的損失。

B 類

對社團、公司和個人的賠償：

1. 在保護屬於外國社團、公司和個人在首都、通商口岸或內地的動產和不動產時產生的費用。

2. 在確定所蒙受損失的數額方面，不論何種性質，產生的費用和開支。

3. 外國公司和個人的中國僱員的私人動產的損失，包括金錢。

4. 由於船隻扣留或禁航導致的滯留費：(a) 根據中國當局的命令；(b) 由外國領事或外交當局中的其他人採取的必要的或預防的措施。

5. 由於革命或非外國索賠者的過錯，導致外國公司或個人同以下方面簽訂的合同或其他契約未履行或延誤執行所造成的實際損失：(a) 其他外國公司和個人；(b) 中國公司和個人。這樣的損失包括貨運、重新裝運、儲藏、保險以及貨物的損失和損壞，也包括實際支付的罰金。

6. 外國人 (不在中國官方或半官方機構) 到毗鄰安全地區的旅費，但不包括返程的費用。

7. 由於革命造成的中國債權人或主顧死亡、逃跑或破產，債務和職業費用被認為有根據的，不再能夠追回的。

8. 那些無法正常工作的外國公司的外國僱員的平時薪水。

9. 由於搶劫導致買辦給予外國公司的抵押品價值的縮減。

C 類

對於市政當局的賠償：

1. 由革命導致的市政收入的減少。

2. 居住被妨礙而提前支付的房屋租金。

3. 由於革命無法正常工作的職員和僱工的薪水。

對社團、公司和個人的賠償：

4. 電報和諸如由於非正常事態而必要的費用。

5. 由於未履行或延誤執行合同和其他契約導致預期收益未實現的，這些合同和契約是外國公司和個人同以下方面簽訂的：(a) 中國當局；(b) 其他外國公司和個人；(c) 中國公司和個人。

6. 由於被迫離開常住地導致外國人產生的額外生活費用，例如房租和臨時性的業務膳宿。中國備人和僱員方面產生的所有類似的費用。

7. 轉移無論何種財產到一個安全地方並轉回的費用。

8. 因工作人員減少而產生的費用，為外國和中國僱員支付的額外薪水。

9. 貨運、保險和庫存品的存放未能實現或者遭遇貶值，以及由於存放過密產生的費用。

10. 由於動亂未能利用的資本的利息。

11. 由於庫存品部分地或大批地損壞給預期收益帶來的損失。

12. 由於匯率的波動、市場價格的漲價或貶值、貨運和運輸工具的漲價造成的損失。

13. 由於勞動力價格上漲而必須支付的額外薪水。

D 類

1. 為未支付的地方借款的本金和利息提出的賠償要求。

2. 由於革命造成中國政府的和地方的票據、紙幣不能自由兌換或貶值帶來的損失。

3. 關於被指控為在動亂期間非法和未經授權徵稅的賠償要求。

簽字：

C. 斯福爾札

E. T. 衛理

R. 艾維滋

水野幸吉

E. S. 斯科特

B. 佩勒克希納

G. 里德澤爾

J. 博雷爾

北京，1913 年 3 月 13 日

［附件 2］

威金生先生報告的摘錄

針對親屬死亡的賠償要求自然分為兩類：代表作為父母被殺害兒童的代言人提出的賠償要求，和其他親屬的賠償要求，包括原本由被害人對親屬提供或承擔的利益，無論全部還是部分、事實上還是可能即將產生的。

作為兒童代言人提出的死亡賠償要求將按以下方式處理：查明兒童的年齡和父母的社會地位，在年滿二十一歲之前，以相當於目前年金的價值按逝去的年數計算和允給一筆款項，無論金額多少，其百分之三用於每名兒童的教育是必要且恰當的。除此之外，這樣的款項被允許，按相同年數以複利百分之三進行投資，以便為每名兒童在二十一歲時提供其在社會深造的一筆必需和恰當的款項。

在處理作為親戚的代言人提出的死亡賠償，查明受益人的年齡，以及之前每年從死者那裏實際或平均獲得的款數。以相當於目前年金的價值按索賠人的平均預期壽命這樣的年數計算一筆款項，如此得出的每年款數的百分之三給予索賠人。至於如果被害人還活着可獲得的預期收益，由死者承諾或有理由預計會支付的款數將作為計算的基礎。

針對部分殘疾的情況，我認為如下是現實可行的：從保險賠償的角度，獲取有關索賠人遭受損害程度的證據；也就是說，保險機構將向索賠人要求額外保險費的數額，如果其他方面無損傷，在其一生適用一種政策，他們會一直執行那個政策。由於我的計算所依據的最主要金額是索賠人從他在生活中的處境出發，接受一種政策的金額，如果打算結婚的話，然後我容許作為傷害賠償獲取的這些額外的保險費擁有牟利的價值。

[附件 3]

外交公告第 78 號

北京，1913 年 4 月 12 日

領銜公使有幸與此一道發表本月 10 日本人和意大利、德國、法國公使一起同陸先生 [118] 就革命引起的外國人的賠償要求進行面談的議事錄。

領銜公使有幸提議，這個問題應該在外交使團的會議上進一步地討論，並且他謹邀請他尊敬的同行們為此目的在本月 16 日、星期三下午 3 時前往英國公使館。

議事錄

1913 年 4 月 10 日、星期四下午 4：30，英國、意大利、德國和法國公使訪問了陸先生 —— 同他在一起的是王先生。

公使們告訴陸先生，他們受外交使團之託同他討論因革命引起的外國人的索賠問題。外交使團已經任命了一個委員會去核查有關這些索賠的原則，並且根據已達成一致的原則，該委員會目前已經完成了對各公使館所呈報的賠償要求進行分類的任務。委員會的報告已提交外交使團，後者現在打算向陸先生建議，外交部應委派代表去同各個公使館的代表會談，以討論賠償要求以及就未來應支付的數額達成一致意見。

陸先生稱，中國政府接受為因革命導致的損失承擔責任的原則，他愉快地接受外交使團的建議；他預計，後者將安排好順序，在此之下，各個公使館的賠償要求將得到處理。

公使們答稱，他們將把陸先生的答覆向外交使團報告，外交使團接着將就接下來的程式作出進一步的建議。

118　陸徵祥 —— 譯者註。

陸先生補充到，他將在次日告訴內閣這次面談的結果，並且因為內閣其他部門——就如財政部和內務部——可能願意在聯合核查賠償要求時有其代表，他將樂意知道外交使團如何看待這樣使有代表的請求。

公使們答覆到，就他們自己的意見，他們不反對此項建議，這大概會使事情變得更加容易；他們將把問題提交外交使團，並就此和早一些日子提到的其他問題，進一步同陸先生進行聯繫。

陸先生提議，擬議的會議地點也應同時考慮，並以表達願意在其權力範圍之內盡所能促進所有問題的早日和令人滿意的解決的講話結束了會談。

簽字：

朱爾典

斯福爾札

哈豪森

康悌

[附件 4[119]—— 摘錄]

外交部致六國公使

外交部

北京，1913 年 2 月 1 日

各位閣下：談到目前正處於談判中的善後借款，有一些問題需要闡明。1 月 9 日，我收到各位關於善後借款的聯合備忘錄，在與財政總長磋商後，我在兩項條款中決定作出下列解決問題的辦法：

119　參見編號為 893.51/1358 文件的附件。——原註。

（1）中國政府同意給予最近革命期間外國人遭受的損失和傷害以公正和公平的賠償。

為此目的，中國政府將從目前 £25,000,000 借款的實收款項中撥出 £2,000,000，用於償付以上提到的賠償。

（2）索賠的受理和要支付的賠款數額將由各公使館和中國政府共同決定。如果產生分歧，將訴諸於仲裁。

＊　　＊　　＊　　＊　　＊　　＊　　＊

上述兩項條款由於具備令人滿意的特性，所以其中所包含的解決問題的辦法應能夠被採納，我有幸相應地告知各位閣下。

順致敬意

外交部

No.137

文件號：493.11/379

國務卿致美國代辦
［電報—改寫］

國務院

華盛頓，1913 年 6 月 11 日，下午 5 時

作為對公使館第 814 號電報的答覆。中國政府接受了承擔因革命引起損失的責任原則，國務院同意委員會關於外國人索賠的報告。美國人的賠償要求相應地能得到分類，但是在它們提交中國政府之前，國務院將對它們進行覆查。最終的指示將根據每一個賠償要求的事實和詳情傳達給公使館。

布賴恩

No.138

文件號：493.11/418

美國代辦致國務卿

第 970 號

美國公使館

北京，1913 年 8 月 13 日

閣下：談到 1913 年 7 月 15 日來自外交部的備忘錄中所包含的請求 [120]，它的一份複本同上個月 17 日我的第 932 號電報一起發送給了國務院，現在我有幸附上一份同一天公使館致外交部備忘錄的複本，它傳送了一份革命期間 (1911 － 1912) 美國公民遭受損失的推測性索賠一覽表。我還有幸附上一份外交公告第 174 號 [121] 的複本，從中可以注意到，在北京的各國公使館將向外交部發送措辭相同的備忘錄。

此致

衛理

[附件—備忘錄]

美國公使館致外交部

在日期為 1913 年 7 月 15 日的備忘錄中，外交部表示希望得到一份革命引起索賠的一覽表，並宣稱作出這種請求的動機在於贏得時間和為賠償要求的確定提供方便。

美國公使館欣賞這種動機，並與外交部同樣願意促進索賠問題的解

120　未刊印。——原註。
121　未刊印。——原註。

決，因此與此一道發送給外交部一份非公開的革命引起的個人索賠一覽表 [122]。

雖然公使館力圖使一覽表盡可能的全面，但是公使館保留將新的索賠增添到所附文件具體指明的那些賠償要求中去的權利。

美國公使館希望表達這樣的一種願望，目前只有一個委員會同所有公使館的代表接連地討論索賠問題，中國政府應當在委員會下任命多個專門小組，如果必要可在一個主席的指導下工作，每個小組能勝任同限定數量的公使館代表討論屬於他們各自國家公民的個人的賠償要求。這種辦法將實現去贏得時間的共同願望。

美國公使館

1913 年 8 月 13 日

No.139

文件號：493.11/415

荷蘭公使致國務卿

［譯文］

荷蘭公使館

巴爾港，1913 年 8 月 31 日

國務卿先生：女王政府正在考慮要求中國作出賠償的問題，以償還革命期間為保護居住在中國的荷蘭公民而採取軍事措施的花費。

我奉命且有幸求助於閣下，其目的在於向您請教是否美國政府已經在那方面作出了決定。就如閣下所知的，去年 4 月，在北京的各公使向他們的政府提到了這個問題。

---

122 未刊印。——原註。

懇盼閣下回覆，使我儘早地向我國政府作出彙報。

勞登（J. Loudon）

No.140

文件號：493.11/389

國務院顧問致國務卿

[備忘錄]

1913 年 9 月 18 日

1900 年的危機不是目前這種情況的先例。（義和團運動）那是一場未受到政府抵制的純粹的排外運動，而目前的危機是一場國內的革命。在外國國內發生動亂的情況下，各國政府派遣他們的陸軍和海軍部隊到外國，對他們而言，針對外國提出賠償的要求不是符合慣例的。

莫爾（J. B. Moore）

No.141

文件號：493.11/389

代理國務卿致美國代辦

[電報—改寫]

國務院

華盛頓，1913 年 9 月 18 日

作為對他第 911 號電報的答覆，請通知他，美國政府沒有考慮對革命期間維持部隊產生的費用提出任何的索賠。授權他去通知他的同行們。

奧斯本（Osborne）

No.142

文件號：493.11/415

國務卿致荷蘭代辦

第 246 號

國務院

華盛頓，1913 年 9 月 20 日

閣下：關於您去年 8 月 31 日的照會，詢問是否美國政府打算向中國政府就中國革命期間美國採取軍事措施的費用提出賠償，我有幸通知您，本國政府不考慮為賠償提出任何權利要求。

致以崇高敬意

代表國務卿：

阿迪

No.143

文件號：493.11/450

美國代辦致國務卿

第 2001 號

美國公使館

北京，1913 年 11 月 3 日

閣下：關於上個月 3 日我的第 1035 號電報 [123] 中有關國際索賠委員會

---

123 未刊印。——原註。

主席，外交次長，聲明的那一部分，中國政府將不會接受任何在 1913 年 12 月 31 日之前未提交的關於革命期間（1911 － 1912）發生損失的賠償要求，我有幸附上上個月 29 日公使館對此提議表示抗議的照會的複本，連同一份外交總長答覆的譯文複本，在答覆中，提出的建議是，公使館在 12 月 30 日之前提交所提出賠償要求的一覽表，索賠人的姓名、損失發生時的地點、所提交的證據和調查的方法可能在確定賠償要求時提出討論。

此致

衛理

［附件 1］

美國代辦致外交總長

美國公使館

北京，1913 年 10 月 29 日

閣下：關於外國人針對革命期間蒙受的損失提出的索賠，我有幸注意到，在 1913 年 9 月 30 日國際索賠委員會第一次會議的紀要中記錄到，委員會主席，外交次長曹汝霖閣下提到，所有在 1913 年 12 月 31 日之後提交的賠償要求將不被委員會考慮，紀要進一步記錄到，代理美國索賠專員作出聲明，美國公使館不能同意這種時間上的限制。

在證實上述聲明時，我有幸告訴閣下，由於國務院對所提交的美國人的賠償要求進行了十分細緻的審查，存在直到 1913 年 12 月 31 日之後這些賠償要求才準備好被提交給中國政府的可能性。與此同時，我不能為此原因撤回對它們的考量，我不得不堅持，這些賠償要求應受到與如果它們在 1913 年 12 月 31 日之前提交相同的考慮。

致以最崇高敬意

衛理

[**附件 2—譯文**]

外交總長致美國代辦

外交部

北京，1913 年 11 月 1 日

先生：我有幸確認收到您的照會，照會聲明，在革命期間外國人遭受損失而提出索賠的問題上，國際索賠委員會第一次會議的紀要中記錄到，1913 年 12 月 31 日之後提出的賠償要求將不被委員會考慮；但是您接着聲明，由於國務院對所提交的美國人的賠償要求進行了十分細緻的審查，存在直到 1913 年 12 月 31 日之後這些賠償要求才準備好被提交給中國政府的可能性。然而，您稱您無力為此原因撤回對它們的考量，而且您要求，這些賠償要求應受到與如果它們在 1913 年 12 月 31 日之前提交相同的考慮。

我有幸指出，如果如上所述的損失賠償要求被提出而不確定時間上的限制，那麼存在它們的考量會被不必要拖延的風險，因此無限期地延誤對在革命期間外國商人和其他公民損失的賠償。對如此結果，外交部不能不感到十分的遺憾，在索賠委員會的第一次會議上，各國專員對該方案沒有提出反對；因此，方案看上去是非常可行的。

但是，由於您在不同場合諮詢從您的立場考慮對程式作少許的修改，我不能不同意您的願望。因此，我有幸提議，在 1913 年 12 月 30 日之前，提出賠償要求的數量、索賠人的姓名、損失發生時的地點和索賠的金額，應當書面闡明以作記錄。索賠的詳細情況、提交的證據和調查的方法都將能在確定賠償要求時提出討論。這似乎是非常現實可行的，儘管未獲得您的贊同，希望您能認識到推動解決該問題的善意，並盡您所能去促進該方案。

順致敬意

孫寶琦

No.144

文件號：493.11/432

國務卿致美國公使

［摘錄］

第 9 號

國務院

華盛頓，1913 年 12 月 3 日

閣下：國務院收到公使館 1913 年 10 月 3 日第 1035 號電報，關於本國政府在委員會提出調查中國革命引起的索賠問題。

國務院贊同公使館選派裴克先生（Mr. Peck）臨時在委員會代表公使館的做法，同樣贊同裴克先生對於賠償要求的期限截止到 1913 年 12 月 31 日所作的抗議。

鑒於駐大連領事衛家立先生（Mr. Williams）調查了在陝西的美國人遭遇到的暴行，並且他目前正在北京忙於美國人的索賠問題，國務院指派他作為在委員會中的永久代表，並授權公使館酌情去要求在時間上延長至少六個月，在此期間，能夠提出賠償要求。

致敬

代表國務卿：

福克（J. W. Folk）

No.145

文件號：493.11/457

美國公使致國務卿

［電報—改寫］

美國公使館

北京，1913 年 12 月 19 日

一旦賠償被承認，中國政府願意支付每一項革命引起的賠償要求。外交使團還未就接受目前單獨支付賠償要求作出決定。撥出用於賠償目的的兩百萬英鎊款項花光之後，要保證索賠的支付可能是困難的。請求給予許可權以使立即提出的每一項美國人的賠償要求獲得批准。進一步請求授權公使館去敦促外交使團，給予諸如這些發現是革命的直接和最首要結果的賠償要求以優先考慮。

芮恩施

No.146

文件號：493.11/457

代理國務卿致美國公使
［電報—改寫］

國務院

華盛頓，1913 年 12 月 20 日

國務院授權他去提出每一項美國人的賠償要求以獲得批准，並敦促外交使團給予由於革命直接導致實際損失的賠償要求以優先考慮。他為此的努力不應使本國政府蒙受自由行動的偏見，這就如其他政府支持為實際但間接的損失提出賠償要求一樣，是必要的行動。

莫爾

（文獻翻譯：姚百慧　耿志）

8 孫中山理念的永恆性

　　2009 年 9 月美國國會有史以來第一次四十二位眾議員共同發佈眾議院 784 號議案（House Resolution 784）[124] 以慶祝孔子的二千五百六十年誕辰，同時也讚揚他在哲學、社會倫理道德及政治思想上的深遠貢獻。

　　為共襄此盛舉，美國國會圖書館亞洲部特別以"儒學 —— 世界文化之遺產"為題目，舉行了兩項文化講壇。第一講壇為：中華文化的精華，第二講壇為：儒學對世界的影響。而發佈這第 784 號議案的五位議

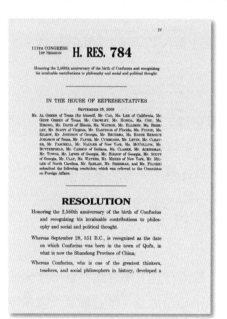

■ 眾議院 784 號議案

124　H. Res. 784（眾議院議案 784）。Washington DC：US Government Printing Office，2009。

員格林（Congressman Al Green）、趙美心（Congresswoman Judy Chu）、本田（Congressman Mike Honda）、吳振偉（Congressman David Wu）及史格（Congressman Robert Scott）都出席演講。從不同角度讚揚孔子在二千五百多年前所構想的"大同世界"。這五位美國國會議員，不但代表了他們自己所嚮往的大同世界，代表了四十二位加入發佈這第 784 議案的國會議員，也代表了千千萬萬的人，不管任何種族與國籍，深信二千多年前孔子的大同世界，仍是他們今天夢寐以求的樂園。

作者已在前面數章詳述孫中山先生領導革命，推翻滿清，在亞洲建立了第一個民主共和國。當時，處於民族危亡的時代，而國人處於水深火熱之中，為振興中華，他走出國門，向西方尋求解決的辦法。當他走遍歐美，耳濡目染西方民主自由的政治理念之後，仍然覺得未盡理想，於是又深深研究孔子的"大同世界"。大同理想，是二千多年以來中國人對和諧社會的理想追求。《禮記·禮運篇》裏，孔子的"大道之行也，天下為公"便出自於此：

> "大道之行也，天下為公。選賢與能，講信修睦。故人不獨親其親，不獨子其子，使老有所終，壯有所用，幼有所長，矜寡孤獨廢疾者皆有所養。男有分，女有歸。貨惡其棄於地也，不必藏於己；力惡其不出於身也，不必為己。是故謀閉而不興，盜竊亂賊而不作，故外户而不閉。是謂大同。"

孫中山先生所構想的大同社會建設藍圖，其主要理念便是傳承孔子的"大同世界"，再融入西方民主、自由的政治思想。他憧憬着大同理想社會，不但是中國社會的大同，而且是世界的大同。他在借鑒西方的同時，又力圖突破歐美模式，勾畫合乎中國國情的理想社會。即以建設大同社會為中國社會建設的最終目標。

　　孔子關於大同理想的言論，一直成為孫中山闡述其理想社會的依據，他不但用這些詞語為別人題詞，而且在他的講話和文章中也常常以這理念為內容。據統計，他的遺墨中，題寫"博愛"、"大同"、"天下為公"以及相關內容的題詞有 140 多件。由此可見他追求"大同世界"的狂熱。而這份狂熱一如追求孔子政治理念的美國議員們，無論二千多載已過去，孔子理念的永恆性是不改的，而孫中山的理念也是永恆的。

　　至於孫中山先生"三民主義"的永恆性，記得在 1941 年 5 月，美國駐華公使詹森在惜別會臨別贈言時，曾將"三民主義"列為世界四大文獻之一。其次序如下：

（一）《基督教聖經》"登山寶訓"

（二）《英國大憲章》

（三）《美國獨立宣言》

（四）《三民主義》

　　在孫中山看來，他所主張的三民主義，便是要達到大同世界。因為"民主主義，即世界人類各族平等，一種族不能為他種族所壓制"；"民權主義，即人人平等，同為一族，絕不能以少數人壓制多數人。人人有天賦之人權，不能以君主而奴隸臣民也"；"民生主義，即貧富均等，不能以富者壓制貧者是也。"

　　作者以"三民主義"或"孫逸仙"（Sun Yat-sen）為題，用國會圖書館的網上目錄來尋找資料，結果找到 1399 個書目在世界上用其他文字出版，這個例子便可顯示孫中山先生創造三民主義的永恆性。

　　而最後的結論是孫中山理念的永恆性根源在哪裏？答案是這位在平凡家庭出生的偉大革命家，他得天獨厚的博愛精神，崇高品格，無比的毅力與決心，領導千千萬萬的革命志士，推翻滿清，建立民國，借用康德黎教授之辭作總結："沒有這些美德，革命家要為人民追求民主自由是不可能的事。"這就是孫中山先生人格的永恆性。

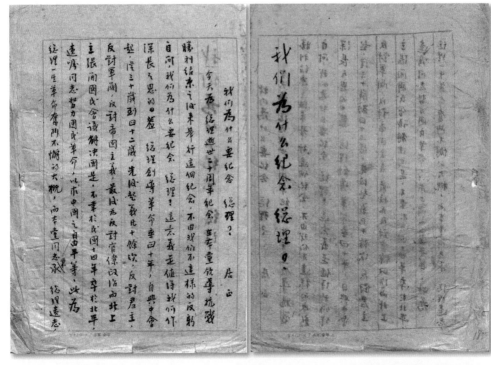

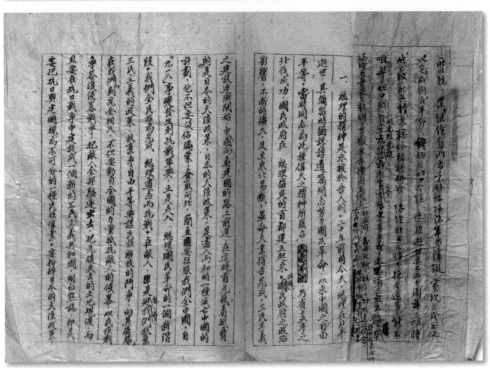

■ 居正手稿‧《我們為甚麼紀念總理》(1)

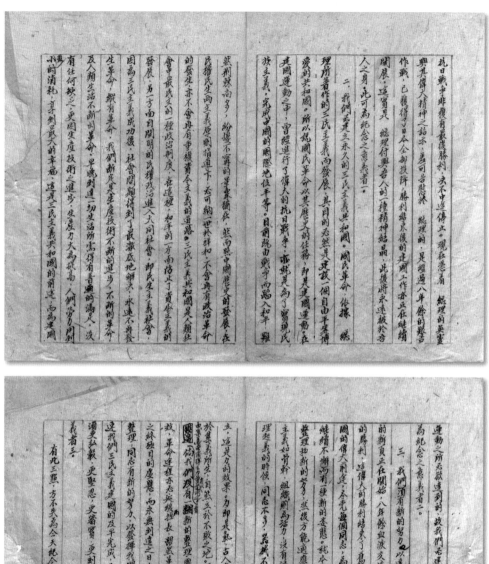

■ 居正手稿・《我們為甚麼紀念總理》(2)